INSTITUTES

OU

PRINCIPES DES LOIS CIVILES

IMPRIMERIE DE HENRI DUPUY,
rue de la Monnaie, n 11.

INSTITUTES

OU

PRINCIPES

DES LOIS CIVILES

AVEC LES CHANGEMENS CORRECTIONS ET AMÉLIORATIONS DONT LES
CODES CIVIL ET DE COMMERCE PARAISSENT
SUSCEPTIBLES

PAR C.-J.-B. AMYOT

AVOCAT A LA COUR ROYALE DE PARIS

PARIS

BUREAU DE L'ENCYCLOPÉDIE MODERNE

RUE NEUVE-SAINT-ROCH N. 24

1833

DISCOURS PRÉLIMINAIRE.

Cet ouvrage est un projet de révision du Code civil et du Code de commerce, que j'ai fondus dans le même corps sous le titre d'*Institutes* ou *Principes des lois civiles*. Je ne pense pas que, dans un corps de lois générales sur le droit civil, ces deux parties doivent être séparées. Toutes les matières dont s'occupe le Code de commerce rentrent naturellement et peuvent être classées sous les différens titres ou chapitres que renferme le Code civil ; c'est ce que j'ai fait dans cet ouvrage.

Mon but principal a été de resserrer dans le cadre le plus étroit possible toutes les dispositions du droit civil. Ce sont les principes des lois qui régissent la société dans l'ordre civil dont j'ai entrepris de présenter le tableau avec le plus grand perfectionnement de méthode auquel j'ai pu atteindre. Mon travail a été aidé à cet égard par mes devanciers. J'avais devant les yeux l'ouvrage des rédacteurs du Code civil, qui avaient eux-mêmes sous les leurs les travaux des Pothier, des Domat, des illustres jurisconsultes de l'empire romain. Cependant j'ai cru devoir bouleverser en grande partie l'ordre adopté dans la grande œuvre du Code Napoléon ; j'ai mis au commencement ce qui était à la fin ; j'ai changé la place des choses, reporté les titres, les chapitres, les paragraphes, les articles d'un lieu à l'autre ; j'ai beaucoup supprimé et j'ai quelquefois ajouté ; j'ai tout exprimé par une rédaction nouvelle ; en un mot j'ai remanié l'ensemble et les détails de toute notre législation civile, me mettant à la place du législateur et ne m'astreignant à suivre aucune autre règle que ce qui m'a paru bon et bien.

Je n'ai parlé ici que de l'ordre et de la méthode de rédaction : j'ai à en dire autant du fond des choses. Mon titre l'indique : j'ai fait aux lois civiles et commerciales tous les changemens qui m'ont paru convenables d'après mon expérience des affaires et de longues et profondes méditations. Je n'ai été retenu, dans les réformes que je propose, par aucune considération, soit de parti, soit de position, soit de nulle autre espèce. J'ai cherché ce qui me paraissait le mieux convenir, non à certains préjugés ou certaines exigences de l'époque, mais à l'état de la société et au cœur humain en général. Je crois que mon travail pourrait servir à tous les peuples ; car je n'ai pris pour guide que la morale et la raison dont les principes sont les mêmes pour tous les hommes.

On verra que j'ai réduit le texte de nos lois à moins des deux tiers de ce qui existe. C'est un avantage incontestable que les lois soient courtes et peu volumineuses. Pour y parvenir, j'ai dû rejeter une foule de dispositions qui, bien que bonnes en elles-mêmes, ne me paraissaient pas devoir faire partie de la loi, mais devoir être laissées à la jurisprudence. La loi ne doit contenir, ce me semble, que les principes généraux ; c'est à la jurisprudence à en tirer les conséquences. La jurisprudence est une science vaste et difficile qui ne peut appartenir qu'à des hommes spéciaux ; la science des lois, au contraire, doit appartenir à tous les citoyens, et, pour leur en faciliter l'étude, être la plus simple et la moins chargée de dispositions qu'il est possible.

On a professsé l'opinion que la loi devrait être toujours accompagnée d'une explication de ses motifs. Il m'est arrivé bien. rarement de donner avec le texte légal une explication de ce genre; c'est qu'il m'a paru que le motif de la loi ressortait. naturellement du simple exposé de son texte, et que toute explication détaillée ne ferait que surcharger l'ouvrage d'observations superflues ou oiseuses, sans aucune utilité pour le lecteur doué de quelque jugement. C'est aux dictionnaires à faire comprendre le sens de certains mots, aux maîtres qui enseignent dans leur chaire à discourir plus longuement sur chaque point pour présenter la même idée sous diverses formes, comme aux jurisconsultes consommés à donner la solution des questions qui peuvent s'offrir dans l'application et l'interprétation des textes.

Dans le premier livre de mon ouvrage, et dans le second jusqu'au titre IV, j'ai fait remarquer en note, au bas de chaque page, les modifications les plus notables que je propose d'apporter au Code civil, et j'ai donné, dans chaque note, l'indication succincte des motifs qui m'ont porté à faire ces changemens. A partir du titre des *contrats et obligations*, j'ai cessé de faire ces remarques, en avertissant qu'il suffira de la comparaison des textes, le Code à la main, pour reconnaître les corrections, suppressions ou additions que je présente. Les notes contenues dans les deux premiers livres étaient nécessaires pour donner une idée de ma manière de traiter la matière, et un aperçu de la quantité et de la nature des changemens proposés; mais, comme il n'est presque pas un seul point dont on ne puisse faire le sujet d'une longue discussion qui exigerait des pages et quelquefois des volumes entiers pour être traitée dans toute son étendue, ces notes ne doivent guère servir qu'à cet objet, et par conséquent, moins à résoudre les questions qu'à les indiquer, genre de travail que j'ai jugé inutile pour le reste de l'ouvrage. J'avertis une fois pour toutes que les dispositions supprimées m'ont paru inutiles, les dispositions corrigées, vicieuses, et les changemens, en général, que j'ai apportés à notre législation, des améliorations utiles. Les parties les plus importantes sur lesquelles j'ai presque entièrement bouleversé ce qui existait, sont notamment, dans le premier livre, les adoptions et le divorce; dans le second, les successions et ce qui concerne les substitutions; dans le troisième, le système hypothécaire que j'ai réduit à une extrême simplicité, la contrainte par corps que j'admets en toute espèce de matière et pour la moindre dette soit civile, soit commerciale, et la législation des faillites que j'ai résumée aussi en un petit nombre de dispositions qui me paraissent devoir suffire à tous les besoins du commerce et de la société. C'est à la tribune, c'est dans le conseil des législateurs qu'il y aurait à développer mes raisons et à repousser par une démonstration étendue les objections qui me seraient faites. C'est là qu'en examinant les inconvéniens qui existent, n'importe dans quel système de législation que ce soit, je prouverais, je crois, que ceux qu'on signalerait dans le mien sont de beaucoup moindres que dans celui que je propose de remplacer. Quant à présent, j'ai médité mon sujet, j'ai examiné mûrement, et je me borne à donner le résultat de mes idées arrêtées sur tous ces divers points en disant seulement : Ceci me paraît mal, cela me semblerait mieux.

INSTITUTES,

PRINCIPES DES LOIS CIVILES.

Le droit est la collection des lois.

On distingue le droit civil, le droit criminel et le droit public.

Le droit civil est la collection des lois qui règlent les rapports des citoyens les uns à l'égard des autres.

Le droit criminel est l'ensemble des lois qui fixent les peines attachées aux actes défendus par les lois.

Le droit public est l'ensemble des lois qui règlent les rapports des citoyens envers l'autorité publique et ceux de l'autorité envers les citoyens.

On distingue encore le droit en droit naturel, droit des gens et droit propre à chaque peuple, tel que droit romain, droit français, droit anglais, etc.

Le droit naturel est celui que Dieu a gravé dans le cœur de tous les hommes, et qui règle les devoirs de l'homme envers son créateur, envers lui-même et envers les autres.

Les principales règles des devoirs de l'homme envers son créateur sont, de croire en lui, à sa justice, à sa providence, à l'immortalité de l'ame; d'adorer Dieu matin et soir, de lui demander pardon de ses fautes, et de l'invoquer dans la crainte, le désir et le malheur.

Les devoirs de l'homme envers lui-même sont de se défendre contre l'adversité, et de travailler à vaincre le mal et à détourner le danger.

Les devoirs de l'homme envers les autres sont renfermés dans cette règle générale : Ne pas faire aux autres ce que nous ne voudrions pas qu'on nous fît.

Le droit des gens règle les rapports des peuples les uns envers les autres, tels que le droit de la paix ou de la guerre, les traités d'alliance, et la conduite des ambassadeurs.

C'est le droit propre à chaque peuple qui se divise en droit civil, droit criminel et droit public.

DROIT CIVIL.

On distingue dans le droit civil, le droit et la procédure.

Le droit règle les droits et les obligations des citoyens les uns envers les autres; la procédure règle les formalités à suivre pour faire constater ses droits, les faire reconnaître par la justice, et forcer les citoyens à exécuter les décisions des tribunaux.

On distingue aussi le droit civil en droit civil proprement dit, et en droit commercial, qui n'est autre chose qu'un démembrement du droit civil, contenant des règles spéciales applicables seulement aux commerçans.

Le droit civil, indépendamment de la procédure, se partage en trois grandes divisions, qui ont pour objet des matières différentes, savoir : 1° ce qui concerne les personnes; 2° ce qui concerne les propriétés et les conventions en général; 3° ce qui concerne les modifications de la propriété et des conventions.

Le droit commercial, qui n'est autre que le droit civil modifié sous certains rapports, a les mêmes divisions que ce dernier.

On distingue dans la partie du droit qui concerne les personnes:

1°. Ce qui concerne les naissances et décès, et les actes de l'état civil;

2°. Ce qui concerne la paternité, la filiation légitime et naturelle, l'adoption, la tutelle officieuse, et la puissance paternelle;

3o. Ce qui concerne la minorité et la majorité d'âge, la tutelle, l'interdiction, et l'absence;

4o. Ce qui concerne le mariage, le divorce, et la séparation de corps;

On distingue dans la partie du droit qui concerne les propriétés et les conventions en général:

1°. Ce qui concerne le domicile, la distinction des biens en meubles et immeubles, et le droit de propriété;

2°. Ce qui concerne les successions;

3°. Ce qui concerne les donations et les testamens;

4o. Ce qui concerne les contrats et obligations en général.

On distingue dans la partie qui concerne les modifications de la propriété et des conventions :

1°. Les contrats de mariage;

2°. La vente;

3°. L'échange;

4°. Le louage;

5°. Les sociétés;

6°. Le partage des biens communs;

7°. Les contrats aléatoires;

8°. Le mandat;

9°. Le prêt;

10°. Le contrat de change, le billet ou tout autre acte à ordre, et le titre au porteur;

11°. Le dépôt et le séquestre;

12°. Le cautionnement;

13°. Le gage et le nantissement;

14°. Les droits d'usufruit, d'usage et d'habitation;

15°. Le droit de mitoyenneté, et les servitudes ou services fonciers;

16°. Les priviléges et hypothèques;

17°. La contrainte par corps et la cession de biens ;
18°. Les commerçans en général ;
19°. Les faillites ;
20°. L'expropriation forcée.
21°. La prescription.

LIVRE PREMIER.

—

DES PERSONNES.

—◆—

TITRE PREMIER (1).

DES NAISSANCES ET DÉCÈS ET DES ACTES DE L'ÉTAT CIVIL.

Les humains naissent homme ou femme ; ils ont un père et une mère ; ils naissent en tel lieu du monde, à tel jour, à telle époque. Ces faits doivent être constatés, et des registres destinés à cet objet sont tenus dans toutes les villes, bourgs et villages de l'État, par des magistrats, pour recevoir les déclarations qui leur sont faites sur la naissance des enfans nés dans les lieux où ces magistrats sont établis.

Il en est de même des décès, qui doivent être constatés sur des registres semblables, tenus par les mêmes magistrats.

Un enfant est né de tel père, de telle mère. Il est né dans la patrie ou à l'étranger, à telle ou telle époque : ces faits constituent pour lui un état quelconque dans la société : c'est ce qu'on appelle l'ETAT CIVIL.

Les écritures publiques, destinées à constater les naissances et les décès, sont appelées ACTES DE L'ÉTAT CIVIL.

CHAPITRE PREMIER.

DES NAISSANCES.

Il faut distinguer les enfans qui naissent sur le territoire national, ceux qui naissent à bord d'un bâtiment en mer, et

______

(1) Le titre préliminaire du Code civil me paraît appartenir au droit public, au droit criminel, ou à toute autre place que le commencement de cet ouvrage.

ceux qui naissent en pays étranger à la suite d'un corps de troupes nationales.

§ I.

Des naissances ordinaires.

Le père de l'enfant, et, à son défaut, l'accoucheur, la sage-femme et toute autre personne qui a assisté à l'accouchement, sont tenus, sous peine d'amende et d'emprisonnement, d'aller déclarer la naissance de l'enfant dont la mère est accouchée, au magistrat du lieu chargé de la tenue des actes de l'état civil.

Cette déclaration doit être faite dans les trois jours de l'accouchement, au plus tard. L'enfant doit être présenté au magistrat.

Le magistrat dresse sur le registre à ce destiné un acte de la déclaration.

Cet acte doit être rédigé de suite en présence de deux témoins.

Il doit énoncer l'année et le jour où a été faite la déclaration, le jour, l'heure et le lieu de la naissance, le sexe de l'enfant, les prénoms qui lui sont donnés par la personne qui vient faire la déclaration, les noms, prénoms, demeure et profession du père et de la mère, s'ils sont connus, ainsi que les noms, prénoms, demeure et profession des deux témoins, dont l'un peut être la personne même qui fait la déclaration.

§ II.

Des enfans trouvés.

Toute personne qui trouve un enfant nouveau-né abandonné par ses parens, est obligée d'en faire la déclaration et de le présenter au magistrat de l'état civil, sous les peines portées au § précédent.

Le magistrat doit dresser procès-verbal de toutes les circonstances où l'enfant a été trouvé, de l'âge apparent de l'enfant, de son sexe, des noms qui lui sont donnés, ainsi que des vêtemens, effets ou autres indices trouvés avec l'enfant et propres à le faire reconnaître un jour.

Ce procès-verbal doit être inscrit sur les registres tenus pour les actes de l'état civil.

§ III.

Des enfans nés à bord d'un bâtiment.

Lorsqu'un enfant naît à bord d'un bâtiment dans un voyage en mer, son acte de naissance doit être rédigé dans les vingt-quatre heures de l'accouchement, dans les formes indiquées au § I, par le chef du bâtiment, sur l'attestation de trois témoins, au nombre desquels doit être le père, s'il est présent (1).

Cet acte de naissance doit être inscrit à la suite du rôle de l'équipage.

Au premier port où le bâtiment aborde, il doit être déposé par le chef du bâtiment deux expéditions de cet acte de naissance, dont une reste au lieu du dépôt, et une autre est envoyée au ministre de la marine qui en fait parvenir une copie au magistrat de l'état civil du domicile du père, ou de la mère, si le père est inconnu. Cette copie doit être inscrite sans délai sur les registres de l'état civil par ce magistrat.

Si le premier port où aborde le bâtiment est celui du désarmement, il suffit au chef du bâtiment de déposer le rôle d'équipage au préposé maritime chargé de le recevoir. Ce préposé envoie directement une expédition de l'acte de naissance au magistrat de l'état civil ci-dessus désigné qui l'inscrit, comme il vient d'être dit, sur ses registres.

Le dépôt des deux expéditions au premier port dont il est parlé au troisième alinéa du présent §, ne dispense point le chef du bâtiment du dépôt du rôle de l'équipage au port du désarmement, ni le préposé maritime d'envoyer une expédition de l'acte de naissance au magistrat de l'état civil.

____

(1) Les autres dispositions détaillées de l'art. 59 du Code civil ne me paraissent pas devoir appartenir à une loi générale sur le droit civil, mais à des réglemens particuliers. Il en est de même des dispositions des articles 60 et 61, que j'ai abrégées comme on le verra dans les alinéas suivans.

§ IV.

Des enfans nés à la suite des armées hors du territoire.

Les actes ne naissance pour les enfans nés hors du territoire à la suite des corps de troupes nationales, sont rédigés dans les formes indiquées au § I, par l'officier chargé de cette fonction par les réglemens (1).

Les déclarations de naissance à l'armée doivent être faites, sous les peines portées au § I, dans les dix jours de l'accouchement au plus tard.

L'officier chargé de la tenue des registres de l'état civil dans les armées, doit adresser une expédition de tout acte de naissance qu'il a rédigé, au magistrat de l'état civil du dernier domicile du père, ou de la mère, si le père est inconnu, et ce magistrat doit inscrire cette expédition sur les registres de l'état civil au moment de sa réception.

CHAPITRE II.

DES DÉCÈS.

§ I.

Des décès ordinaires.

Aucune personne décédée ne peut être inhumée sans une autorisation préalable du magistrat du lieu, qui doit se transporter auprès de la personne décédée pour s'assurer du décès (2).

Ce magistrat doit dresser l'acte du décès sur l'attestation de deux témoins.

(1) Les dispositions circonstanciées des art. 89, 90 et 91 du Code civil que j'omets dans ce §, ne me paraissent pas convenir à une loi générale.

(2) L'indication, portée par l'art. 77 du Code civil, que l'autorisation d'inhumation doit être donnée sur papier libre et sans frais, ne peut appartenir qu'à des réglemens administratifs.

Ces deux témoins doivent être, autant que possible, les deux plus proches parens ou voisins, ou, lorsque la personne est décédée hors de son domicile, la personne chez qui elle est décédée, et un parent ou autre.

L'acte de décès doit contenir la date du jour auquel est faite la déclararation, le jour et, autant que possible, l'heure du décès, les noms, prénoms, domicile et profession de la personne décédée, son âge, les noms de l'autre époux, si la personne décédée est mariée ou veuve, et, autant que possible, les noms, prénoms, domicile et profession de ses père et mère, ainsi que le lieu de sa naissance. L'acte de décès doit contenir en outre les noms, prénoms, domicile et profession des deux témoins, avec leur indication de parens à tel degré, de voisins ou autres.

§ II.

Des décès dans les prisons ou autres maisons publiques.

En cas de décès dans les prisons, bagnes, hôpitaux, ou autres maisons publiques, le chef de l'établissement doit en donner avis, dans les vingt-quatre heures au plus tard, au magistrat de l'état civil du lieu, qui doit se transporter auprès de la personne décédée pour s'assurer du décès et dresser l'acte de décès conformément au § précédent, sans faire mention du lieu, hôpital, bagne, ou prison où la personne est décédée (1).

§ III.

Des décès par suite de mort violente

En cas de mort violente, ou lorsque des indices quelconques peuvent le faire soupçonner, l'inhumation ne doit avoir lieu

______

(1) Je supprime la disposition du dernier alinéa de l'art. 80 du Code civil; il suffit que l'acte de décès soit dressé au lieu du décès, comme en cas de mort dans tout autre lieu qu'un hôpital, bagne et prison.

La disposition du second alinéa de cet article ne peut appartenir qu'aux réglemens sur les maisons publiques, et non à une loi générale.

qu'après qu'un officier de police a dressé procès-verbal de l'état du cadavre et des circonstances y relatives (1).

Cet officier de police est tenu de transmettre immédiatement au magistrat de l'état civil du lieu où le cadavre a été trouvé, les renseignemens nécessaires pour que l'acte de décès soit dressé par ce magistrat dans la forme indiquée au § I, sauf l'attestation des deux témoins qui est remplacée par celle de l'officier de police (2).

§ IV.

Des décès par suite d'exécution judiciaire.

Les greffiers sont tenus d'envoyer, dans les vingt-quatre heures de l'exécution des jugemens portant peine de mort, au magistrat de l'état civil du lieu où les condamnés ont été exécutés, tous les renseignemens propres à dresser l'acte de décès dans la forme indiquée au § I.

Il ne doit être fait aucune mention dans l'acte de décès de l'espèce de mort du condamné, ni de sa condamnation.

§ V.

Des décès sur un bâtiment en mer.

En cas de mort sur un bâtiment, pendant un voyage en mer, l'acte de décès doit être dressé, dans les vingt-quatre heures, par le chef du bâtiment, sur l'attestation de deux témoins, et l'acte de décès doit être inscrit à la suite du rôle de l'équipage.

Au premier port où aborde le bâtiment et au port du désar-

---

(1) L'assistance d'un homme de l'art, voulue par l'art. 81 du Code civil, ne peut être imposée à l'officier de police que par des réglemens administratifs; et les autres détails que le même article veut que ce fonctionnaire insère dans son procès-verbal doivent lui être indiqués par de simples instructions ministérielles.

(2) L'envoi d'une expédition de l'acte de décès par le magistrat du lieu où le cadavre est trouvé au magistrat du domicile de la personne décédée, voulu par le second alinéa de l'art. 82 du Code civil, me paraît absolument inutile, comme dans tous les cas où une personne meurt dans un autre lieu que celui où elle a son domicile.

mement, tout doit se passer pour l'acte de décès comme il a été dit pour les actes de naissance (1).

§ VI.

Des décès à la suite des armées hors du territoire.

Les actes de décès des militaires ou autres à la suite des armées hors du territoire, sont dressés par les chefs ou agens des corps ou hôpitaux où les individus sont décédés, et ce, dans les formes indiquées par le § I.

Ces actes de décès doivent être dressés sur l'attestation de trois témoins, et extrait doit en être adressé au magistrat de l'état civil du lieu du dernier domicile de la personne décédée.

Ce magistrat est tenu de l'inscrire aussitôt sur ses registres (2).

CHAPITRE III.

DES ACTES DE L'ÉTAT CIVIL.

Il y a certaines règles générales applicables à tous les actes de l'état civil.

§ I.

De la forme des actes de l'état civil.

Les témoins présens, déclarans ou attestans, aux actes de l'état civil, doivent être du sexe masculin, et majeurs.

Les témoins aux actes de l'état civil sont choisis par les parties intéressées.

Dans les cas où les parties intéressées ne sont pas tenues de comparaître en personne, comme en cas de mariage, elles peuvent se faire représenter aux actes de l'état civil par un fondé de procuration spéciale et authentique.

Les parties intéressées et les témoins doivent signer les actes de l'état civil, après lecture, avec le magistrat qui les a rédigés.

Il doit être fait mention, dans le corps de l'acte, que lecture

(1) Les détails énoncés dans les art. 86 et 87 du Code civil, que je ne rapporte pas ici, ne me paraissent pas devoir appartenir à une loi générale.

(2) Même observation que sur le § précédent.

en a été faite aux parties et aux témoins, et qu'ils ont signé, ainsi que le magistrat.

Si les parties ni les témoins ne savent ou ne peuvent signer, il doit être fait mention de la cause pour laquelle ils n'ont pas signé.

§ II.

De la tenue des registres de l'état civil.

Les registres sur lesquels les actes de l'état civil doivent être inscrits dans chaque commune doivent être tenus doubles.

Ces registres doivent être cotés et paraphés sur chaque feuille par le juge du lieu.

Les actes doivent être écrits de suite, les uns après les autres, sans aucun blanc ou intervalle.

Les ratures et les renvois doivent être approuvés et signés de la même manière que le corps de l'acte.

Il ne doit être rien inscrit aux actes de l'état civil que ce qui est exactement prescrit par la loi.

Il ne doit y être rien écrit par abréviation, et aucun nombre ne doit y être mis en chiffres, mais en toutes lettres.

Le magistrat de l'état civil qui inscrit un acte de l'état civil sur de simples feuilles volantes, au lieu de l'inscrire sur ses registres, est passible d'emprisonnement et d'amende.

A la fin de chaque année, le magistrat de l'état civil doit clore et arrêter ses registres de l'année expirée, et adresser dans le mois suivant, au fonctionnaire préposé à cet effet, l'un des deux doubles des registres qui doivent être tenus dans chaque commune ; l'autre double reste déposé aux archives de la commune.

Toutes les pièces et procurations jointes aux actes de l'état civil, et sur lesquelles ces actes ont dû être rédigés, doivent être adressées, avec le double dont il est parlé à l'alinéa précédent, au fonctionnaire désigné, et déposées au greffe, après avoir été comptées et paraphées par le juge du lieu, et le magistrat de l'état civil.

Toute personne peut se faire délivrer, par les dépositaires d-

registres de l'état civil, les extraits de ces registres et des actes y contenus qu'elle peut désirer.

§ III.

Des actes de l'état civil faits en pays étranger.

Les naissances et les décès doivent être constatés en pays étranger dans les formes usitées dans ce pays, et par les ma-gistrats qui sont chargés de ces fonctions dans les lieux où ils sont établis.

Les actes de naissance et de décès des nationaux nés ou morts en pays étranger, font foi lorsque ces actes ont été dressés conformément aux lois, usages et coutumes suivies dans ce pays.

Les actes de naissance et de décès des nationaux nés ou morts en pays étranger, peuvent être dressés par les ambas-sadeurs, chargés d'affaires diplomatiques, et consuls de com-merce nationaux, établis dans ce pays.

Dans ce cas, les actes de naissance et de décès doivent être rédigés dans les formes indiquées au § I, chap. II de ce titre.

§ IV.

De la rectification des actes de l'état civil.

Toute personne qui veut faire rectifier une énonciation er-ronée ou fautive dans les actes de l'état civil, doit présen-ter sa requête au juge compétent, à l'effet de faire ordonner la rectification.

Les jugemens ordonnant une rectification (1) doivent être inscrits dans toute leur étendue sur les registres de l'état civil du lieu auquel appartiennent les registres contenant les actes à rectifier.

Ils doivent être inscrits, à la date de leur présentation par les parties intéressées, sur les registres courans.

Mention de ces jugemens doit être faite en outre en marge

____

(1) Les dispositions des art. 99 et 100 du Code civil appartiennent à la procédure.

des actes rectifiés, sur les deux doubles des registres dont il a été parlé au § II du présent chapitre (1).

Cette mention est faite par le dépositaire des registres contenant les actes en marge desquels elle doit être faite.

Le ministère public du lieu où sont déposés les registres, doit veiller à ce que la mention soit faite exactement et uniformément sur les deux registres.

Lorsqu'un acte de l'état civil a été rectifié, il n'en peut être délivré d'extrait ou d'expédition qu'avec les rectifications ordonnées, à peine des dommages-intérêts contre l'officier qui l'aurait délivré sans indiquer suffisamment ces rectifications.

§ V.

De la perte des actes de l'état civil.

Lorsqu'il n'a pas existé de registres ni d'actes de l'état civil, ou qu'ils sont perdus ou adirés, la preuve des naissances, décès et mariages, et de leur date précise, peut être faite par tous les moyens de preuve possibles, tels que registres, papiers domestiques, notes, lettres, écrits quelconques, et déclarations de témoins.

Dans le cas où la preuve d'une naissance, d'un décès ou d'un mariage, résulte, à défaut d'acte de l'état civil, d'un jugement définitif qui y supplée, ce jugement doit être inscrit aux registres de l'état civil du lieu, qui doit être déterminé par le jugement, à la date de la présentation par les parties au magistrat de l'état civil ; et, dans ce cas, le jugement tient lieu de l'acte manquant (2).

---

(1) Je supprime l'avis au procureur du roi, qui doit être donné par le magistrat de l'état civil, dans les trois jours de la mention ; je le remplace par l'obligation pure et simple de la mention sur les deux registres doubles. Cela me semble plus conforme à ce qui doit être dans l'ordre accoutumé.

(2) Cette disposition, qui se rapporte à celle de l'art. 198 du Code civil, sur les actes du mariage, manque dans ce Code pour les actes de l'état civil en général.

Les dispositions des articles 50, 51, 52, 53 et 54 du Code civil me

TITRE II.

DE LA PATERNITÉ ET DE LA FILIATION LÉGITIME ET NATURELLE, DE L'ADOPTION, DE LA TUTELLE OFFICIEUSE, ET DE LA PUISSANCE PATERNELLE.

CHAPITRE PREMIER.

DE LA PATERNITÉ ET DE LA FILIATION LÉGITIME ET NATURELLE.

§ I.

De la preuve de la paternité et de la filiation.

La filiation des enfans légitimes se prouve par les actes de naissance énonçant que tel enfant est né de tel père et de telle mère, mariés légitimement, et par la justification que l'individu qui prétend être enfant de tels père et mère est bien celui dont il est question dans l'acte de naissance.

A défaut de représentation de l'acte de naissance, il suffit à l'enfant de prouver qu'il a été depuis sa naissance en possession de l'état d'enfant légitime de tels père et mère, mariés légitimement, comme, par exemple, s'il a toujours porté le nom du père légitime auquel il prétend appartenir, s'il a été traité, élevé, entretenu, établi par lui, comme son enfant légitime, et s'il a passé pour tel dans la société ou dans la famille.

A défaut de représentation de l'acte de naissance et de possession de l'état d'enfant légitime, la preuve de la filiation légitime peut se faire par tous les moyens de preuve possibles, comme il a été dit au § V, chap. III, titre Ier (1).

paraissent appartenir non au droit civil, mais ou au droit criminel, ou à la procedure, ou au droit public, ou enfin à toute autre place que ce titre.

(1) Puisque le commencement de preuve par écrit n'est pas nécessaire quand les présomptions sont assez graves pour autoriser l'admission de la preuve par temoins, et que l'appréciation de la gravité des présomptions est abandonnée à la discrétion des tribunaux, il faut dire tout simplement, ce me semble, ce que je dis ici, et non pas, comme l'art. 323

L'action de l'enfant en réclamation de l'état d'enfant légitime de tels père et mère est imprescriptible ; elle peut être intentée dans tous les temps, et même la chose jugée ne peut être opposée à l'enfant qui a déjà succombé dans une première réclamation, faute de preuves suffisantes, lesquelles peuvent être fournies plus tard et servir à faire réformer le premier jugement, qui n'est jamais que provisoire (1).

L'action des parens en réclamation d'état de leur parenté ou alliance, est soumise aux mêmes règles que celle de l'enfant en réclamation de son état.

§ II.

Du désaveu de paternité.

L'enfant né pendant le mariage légitime de la mère est censé avoir pour père le mari.

Néanmoins le mari peut désavouer l'enfant de sa femme légitime, s'il prouve qu'il a été dans l'impuissance (2) physique,

---

du Code civil, que la preuve par témoins ne peut être admise que lorsqu'il y a commencement de preuve par écrit, excepté lorsqu'il y a des présomptions suffisantes.

(1) L'art. 330 du Code civil ne peut jamais recevoir d'application, et par conséquent est inutile. En effet, ou les héritiers de l'enfant sont ses descendans, et alors la réclamation d'état est imprescriptible pour eux comme pour leur auteur : ils sont enfans; ou ces héritiers sont collatéraux, et alors il n'y a pas de réclamation possible. Sont-ils frères, par exemple ? leur réclamation ne peut avoir pour objet que de se faire attribuer sa succession ou tous les autres avantages résultant de sa parenté; mais, dans ce cas, ce n'est plus comme étant aux droits de leur frère qu'ils peuvent faire cette réclamation d'état; c'est en leur nom propre, et ce genre de réclamation, dont ne s'est pas occupé le Code civil, fait l'objet de l'alinéa dernier du présent §.

Le principe que le jugement sur la réclamation d'état n'est jamais que provisoire, est à exprimer dans la loi, ce que n'a pas fait le Code civil.

(2) C'est une contradiction d'expression dans le Code civil, que d'avoir dit, art. 313, que le mari ne pouvait désavouer l'enfant en alléguant son impuissance naturelle, lorsqu'il avait été dit, art. 312, que le désaveu pouvait avoir lieu en cas d'impossibilité physique du mari d'avoir cohabité avec sa femme, par l'effet de quelque accident.

par suite d'éloignement ou d'accident quelconque, d'être le père de l'enfant pendant le temps qui s'est écoulé entre le trois centième et le cent quatre-vingtième jour avant sa naissance, qui est le temps le plus éloigné ou le plus rapproché, auquel on puisse rapporter la conception d'un enfant né viable.

L'enfant qui n'est pas né viable, c'est-à-dire avec les conditions d'une organisation déclarée par les hommes de l'art susceptible d'avoir éprouvé les premiers symptômes de la vie, ne peut être désavoué (1).

Le mari peut aussi désavouer l'enfant de sa femme légitime convaincue d'adultère, lorsque le crime remonte au temps qui s'est écoulé entre le trois centième et le cent quatre-vingtième jour (2) qui a précédé la naissance de l'enfant, et lorsque la grossesse (3) de la mère lui a été cachée, auquel cas il est admis à proposer tous les faits propres à prouver qu'il n'est pas le père de l'enfant.

L'enfant né avant le cent quatre-vingtième jour après le mariage légitime peut être désavoué par le mari, à moins qu'il ne soit prouvé qu'il a eu connaissance de la grossesse de la mère avant le mariage, ou qu'il ait assisté sans réclamation à l'acte de naissance comme témoin ou déclarant (4), ou que l'enfant ne soit pas né viable sur l'attestation des hommes de l'art.

L'enfant né trois cents jours après la dissolution du mariage peut être désavoué par le mari divorcé, ou par les héritiers du mari décédé.

(1) Le désaveu alors n'ayant plus d'intérêt, il faut en éviter le scandale. Cette disposition doit exister dans la loi.

(2) Il y a lieu à préciser cet intervalle, parce que, si la conception de l'enfant ne pouvait pas y être rapportée, il ne devrait pas y avoir lieu au désaveu.

(3) Le mot *grossesse* convient mieux que le mot *naissance* employé par l'art. 313 du Code civil.

(4) Il faut laisser, ce me semble, aux défendeurs en désaveu toute latitude possible de prouver que le mari a assisté sans réclamation à l'acte de naissance comme témoin ou déclarant.

L'action du mari en désaveu de l'enfant doit être intentée, à peine de déchéance, dans le mois de la naissance de l'enfant, s'il est sur les lieux; dans les deux mois de la naissance de l'enfant, si, à l'époque de la naissance, il était absent, et dans les deux mois de la découverte de la fraude, si la naissance de l'enfant lui avait été cachée.

Si le mari est mort avant d'avoir fait sa déclaration, mais étant encore dans les délais utiles, les héritiers ont deux mois pour contester la légitimité, à compter de l'époque où cet enfant, ou ceux qui agissent pour lui, auraient manifesté l'intention de se mettre en possession des biens du mari (1).

§ III.

Des enfans naturels.

La filiation des enfans naturels, ou nés hors mariage légitime, se prouve par l'acte de naissance énonçant que l'enfant est né de tels père et mère, qui ne sont pas mariés légitimement, ou seulement de telle mère et de père inconnu, ou que ses père et mère sont inconnus.

La filiation des enfans naturels peut aussi se prouver par l'acte authentique dans lequel le père et la mère, ou l'un des deux, ont reconnu que cet enfant était leur enfant naturel.

A défaut de représentation d'un acte de naissance ou de re-

---

(1) Ce nouveau mode de rédaction du principe contenu dans l'art. 317 du Code civil, me paraît avoir plus de précision et mieux aller à son but.

Quant à l'art. 318, il me paraît inutile. La péremption de la demande en désaveu doit suivre ici les règles de péremption de toutes les demandes en justice dans les actions soumises à la déchéance ou à la prescription.

Du reste, il est tout simple que l'enfant étant mineur a besoin d'un tuteur *ad hoc* pour le défendre devant les tribunaux contre l'action en désaveu du mari; ce principe est une conséquence de la minorité de l'enfant, qui ne peut paraître en justice sans un tuteur.

Il est également inutile de dire que le procès doit être jugé en présence de la mère; il faut s'en référer à ce sujet au principe de droit que toute personne peut intervenir dans un procès où elle a intérêt; et ici la mère a un intérêt incontestable à faire rejeter l'action en désaveu.

connaissance, la filiation des enfans naturels peut être prouvée par tous les moyens de preuve possibles (1).

Le père ou la mère d'un enfant naturel qui veulent le reconnaître légalement, doivent le faire par acte authentique passé devant notaire.

Tout acte authentique duquel résulte légalement la reconnaissance d'un enfant naturel, doit être inscrit à la date de sa présentation au magistrat de l'état civil, sur les registres de l'état civil, et mention doit en être faite en marge de l'acte de naissance, s'il en existe un.

La reconnaissance d'un enfant naturel par le père ou la mère n'a d'effet qu'à l'égard de celui qui a fait la reconnaissance; cette reconnaissance ne peut nuire à l'enfant qui n'y a pas consenti, et qui même, y eût-il consenti, doit toujours être admis à prouver qu'il n'est pas enfant naturel de tels père et mère (2).

Elle ne peut nuire non plus aux héritiers du père ou de la mère qui ont fait la reconnaissance; et ils peuvent toujours l'attaquer comme faite en fraude de leurs droits, à moins qu'ils n'y aient renoncé (3).

(1) L'art. 340 du Code civil défend la recherche de la paternité, hors le cas de rapt. Mais cette défense, inconnue dans l'ancienne jurisprudence, est injuste; d'abord il n'est pas plus scandaleux de l'admettre pour le père que pour la mère; quant à la possibilité de la preuve, cette possibilité existe, et c'est aux juges à examiner si les preuves fournies sont suffisantes. Un enfant naturel n'a pas moins besoin de connaître son père que sa mère.

La filiation des enfans naturels doit pouvoir se prouver par tous les moyens de preuve admis pour la preuve de la filiation légitime; c'est une inconséquence d'exiger un commencement de preuve par écrit pour la filiation purement naturelle, quand on ne l'exige pas pour la filiation légitime.

(2) Ce principe, qui n'est pas exprimé dans le Code civil, est une conséquence, d'abord de l'intérêt que peut avoir l'enfant à repousser une reconnaissance erronée ou frauduleuse, et ensuite de l'imprescriptibilité de l'action en réclamation d'état.

(3) Il y a une faute grave dans l'art. 337 du Code civil; elle con-

§ IV.

Des enfans incestueux et adultérins.

Les enfans nés de père et mère entre lesquels le mariage est prohibé, sont incestueux.

Les enfans nés d'une mère mariée légitimement à un autre qui a été reconnu n'être pas le père de ces enfans, sont adultérins.

Il en est de même des enfans naturels dont le père était marié légitimement à une autre femme, depuis le trois centième jusqu'au cent quatre-vingtième jour avant la naissance de l'enfant.

Les enfans incestueux et adultérins ne peuvent être reconnus volontairement par leurs père ou mère incestueux ou adultérins; cependant cette reconnaissance peut avoir lieu légalement, par suite d'une condamnation judiciaire, intervenue contre les père ou mère incestueux ou adultérins.

Il n'est pas permis aux enfans incestueux ou adultérins de prouver en justice leur filiation incestueuse ou adultérine, si ce n'est après la mort des père et mère incestueux ou adultérins, ainsi que de l'époux de l'adultère, en cas d'enfant adultérin (1).

Lorsque la mère a été enlevée et que l'époque du rapt se rapporte à celle de la conception, le ravisseur peut être déclaré père de l'enfant incestueux ou adultérin né dans cette circonstance.

siste à faire produire son effet à une reconnaissance frauduleuse d'enfant naturel faite au préjudice des héritiers des prétendus père et mère naturels autres que leurs héritiers en ligne directe. Cette faute est à rectifier.

(1) Il n'y a plus alors à craindre le scandale de voir un enfant chercher à lever le voile qui cache le crime d'un père ou d'une mère vivans, ou le déshonneur d'un époux trompé par son adultère; il ne reste plus que l'intérêt de l'enfant à faire connaître les auteurs de ses jours, contre les autres enfans ou héritiers.

§ V.

De la légitimation des enfans naturels.

Les enfans naturels, non incestueux ni adultérins, peuvent être légitimés par le mariage subséquent de leurs père et mère.

Cette légitimation a lieu lorsque les enfans naturels sont reconnus légalement par le père et la mère avant ou après le mariage, ou par l'acte même de célébration du mariage (1).

La légitimation peut avoir lieu même en faveur des enfans décédés, qui ont ou non laissé des descendans; et, dans ce cas, la légitimation profite aux descendans.

Les enfans légitimés par le mariage subséquent sont considérés comme s'ils étaient légitimes.

CHAPITRE II.

DE L'ADOPTION ET DE LA TUTELLE OFFICIEUSE.

SECTION I.

DE L'ADOPTION.

§ I.

Des conditions et des effets de l'adoption.

Toute personne majeure peut adopter un ou plusieurs enfans qui ont à l'égard de l'adoptant les mêmes droits et les mêmes obligations que s'ils étaient ses enfans légitimes (2).

(1) C'est une faute à rectifier dans le Code civil que de refuser la légitimation aux enfans naturels que, par un oubli des formes légales, leurs père et mère n'auraient pas reconnus avant ou dans l'acte même de célébration du mariage. La légitimation doit avoir lieu, même pour les enfans naturels reconnus après le mariage, sauf la contestation des autres enfans ou des héritiers au préjudice desquels aurait eu lieu une reconnaissance frauduleuse, comme il a été dit pour la reconnaissance des enfans naturels pendant le mariage. Il y a même raison de décider pour les deux cas.

(2) Les restrictions apportées par le Code civil aux adoptions ne me paraissent nullement fondées en raison; et plusieurs autres dispositions de ce Code, relatives à la même matière, me paraissent vicieuses.

On doit pouvoir adopter un enfant, n'importe quel soit l'âge de l'adop-

L'enfant adopté pendant sa minorité a le droit de faire an-
tant, pourvu seulement qu'il soit majeur, et n'importe quel soit l'âge de
l'adopté, n'importe par quel motif, et seulement lorsque les mœurs ne
paraissent point blessées par l'adoption. Il faut que la survenance d'un
enfant légitime à l'adoptant annulle toutes les adoptions précédentes,
comme les donations entre vifs ; l'adoption n'est qu'une véritable donation entre vifs du nom et de la fortune de l'adoptant.

L'enfant adopté pendant sa minorité doit avoir le droit de faire annuler l'adoption après sa majorité ; sauf à être déchu de ce droit s'il n'en
demande pas l'annulation dans un délai fixé, après avoir atteint l'âge
de vingt-un ans accomplis. Il n'y a aucune contradiction à rendre
l'adoption irrévocable vis-à-vis de l'adoptant qui doit toujours être
majeur, et à la laisser incertaine à l'égard de l'adopté mineur, de
même que les contrats passés entre un majeur et un mineur sont irrévocables pour le majeur, mais susceptibles de rescision pour le mineur qui
seul a droit de les attaquer. Si une adoption peut être avantageuse à
un mineur, il y a désavantage pour lui à ne pouvoir être adopté avant
d'avoir atteint sa majorité, parce que celui qui veut l'adopter peut mourir
ou changer de volonté dans cet intervalle.

Inutile de ne permettre l'adoption qu'aux personnes âgées de cinquante
ans, qui est l'âge auquel on suppose que l'adoptant ne peut plus avoir
d'enfans issus d'un mariage légitime, lorsqu'on admettra l'annulation de
toutes les adoptions précédentes par la survenance d'enfans légitimes.

Inutile et injuste encore de ne permettre l'adoption qu'en faveur des
personnes à qui l'on a donné des soins pendant un certain temps dans
leur minorité, ou de celles à qui l'on doit la vie ; car l'adoption, réduite
à n'être qu'une donation entre vifs du nom et de la fortune de l'adoptant,
ne doit pas exiger d'autres conditions que celles imposées aux donations
entre vifs, c'est-à-dire la volonté du donateur et du donataire, exprimée dans certaines formes dont la solennité ne laisse pas croire
qu'elle a été faite légèrement, mais par une résolution ferme et forte-
ment prononcée.

Le consentement de l'époux de l'adoptant ne doit pas être plus nécessaire pour la validité de l'adoption, qu'un consentement semblable n'est
nécessaire pour la validité d'une reconnaissance d'enfant naturel ou d'une
donation.

A quoi sert encore d'exiger que l'adoptant, qui ne fait qu'une donation entre vifs à l'adopté, soit plus âgé que lui ? Il faut laisser à cet égard
aux citoyens une liberté dont on ne peut jamais abuser au préjudice de
l'intérêt public

nuler l'adoption après sa majorité. Ce droit se prescrit par dix ans à compter de la majorité acquise.

La survenance d'un enfant issu d'un mariage légitime à l'adoptant, annulle toutes les adoptions précédentes. Néanmoins l'adopté dont l'adoption est anulée, a droit à des alimens contre l'adoptant, et réciproquement.

Si l'adopté n'a pas atteint l'âge de vingt-cinq ans accomplis, l'adoption ne peut se faire qu'avec le consentement de son père, s'il est vivant, ou de sa mère, si le père est décédé; s'il est majeur de vingt-cinq ans, l'adopté doit préalablement requérir leur conseil comme dans le cas de mariage.

Le mineur de vingt-un ans ne peut être adopté qu'avec le consentement de son tuteur autorisé du conseil de famille.

L'adoption confère le nom et la qualité d'enfant légitime de l'adoptant à l'adopté.

Les enfans de l'adopté nés avant l'adoption ne sont point compris dans l'adoption, et il n'existe aucun lien entre eux et l'adoptant; il en est autrement des enfans de l'adopté nés après l'adoption, lesquels sont censés avoir été adoptés aussi par l'adoptant, et sont considérés comme ses descendans légitimes.

L'adopté reste toujours dans sa famille naturelle, et y conserve tous ses droits; il reste toujours soumis aux mêmes devoirs et obligations envers ses père et mère et autres ascendans naturels, sauf la puissance paternelle, qui passe entièrement à l'adoptant en ce qui concerne les droits de cette puissance sur la personne des enfans. Il n'existe aucun lien entre l'adopté et les ascendans ou autres parens de l'adoptant, et réciproquement entre l'adoptant et les parens de l'adopté. (1).

§ II.

Des formes de l'adoption.

L'adoptant et l'adopté, ou, si l'adopté est mineur, son père, et si le père est décédé, sa mère, et s'il n'a ni père ni mère,

______

(1) Les dispositions des art. 348, 350, 351 et 352 du Code civil me paraissent appartenir à une autre place.

son tuteur autorisé par le conseil de famille, doivent se présenter devant le magistrat désigné par la loi (1), pour y passer acte de leur consentement à l'adoption.

Le tribunal doit être ensuite appelé à examiner: 1° si les conditions voulues par la loi ont été remplies; 2° si les bonnes mœurs sont blessées par l'adoption ; puis déclarer s'il y a lieu ou non à autoriser l'adoption.

Si l'adoption est autorisée par le tribunal, sa délibération est soumise à l'approbation de la cour supérieure, qui déclare si la délibération du tribunal doit être confirmée ou infirmée.

Tout arrêt de la cour supérieure admettant une adoption, doit être publié suivant l'usage.

Cet arrêt doit être en outre inscrit, dans le délai de trois mois à partir de sa prononciation, sur les registres de l'état civil du domicile de l'adoptant.

Cette publication et cette inscription doivent être faites à la diligence des parties, ou, à leur défaut, à celle du ministère public, sous peine d'amende contre les parties (2).

Si l'adoptant vient à mourir après l'acte du consentement mutuel à l'adoption, et avant l'accomplissement des formalités qui doivent s'ensuivre, l'adopté, s'il est majeur, peut, et s'il est mineur, son tuteur doit poursuivre le complément des formes nécessaires pour rendre l'adoption définitive.

Les héritiers de l'adoptant peuvent s'opposer à l'adoption, si elle leur paraît inadmissible.

(1) La désignation des fonctionnaires chargés spécialement de recevoir certains actes ou de remplir certaines fonctions , appartient aux lois comprises dans le droit public.

(2) Le Code civil attache la peine de nullité de l'adoption au défaut d'inscription de l'arrêt d'adoption sur les registres de l'état civil dans le délai de trois mois. Cette peine est trop rigoureuse, quand on pense que le contrat d'adoption a été irrévocablement formé par le consentement des parties et approuvé par les tribunaux. L'intérêt public à l'inscription de l'arrêt sur les registres n'est pas assez grave pour exiger cette peine.

Il paraît suffisant d'ordonner que la publication de l'arrêt et son inscription sur les registres seront faites à la diligence des parties, et, à leur défaut, à celle du ministère public, sous peine d'une amende à fixer.

Après l'adoption, les héritiers de l'adoptant peuvent la faire annuler par les tribunaux, si elle a été faite en contravention aux lois (1).

SECTION II.

DE LA TUTELLE OFFICIEUSE.

On peut se rendre tuteur officieux d'un enfant mineur, avec le consentement du père de cet enfant, ou de sa mère, si le père est décédé, ou, si l'enfant n'a ni père ni mère, de son tuteur autorisé du conseil de famille (2).

La tutelle officieuse emporte l'obligation par le tuteur de nourrir le pupille, de l'élever et de le mettre en état de gagner sa vie pendant sa minorité et même après sa majorité, s'il ne peut gagner sa vie par lui-même après l'âge de vingt-un ans accomplis (3).

(1) Toutes les formes indiquées dans la section II, chap. 1, titre 8, livre premier du Code civil, que j'ai omises dans le présent §, me paraissent ou inutiles à exprimer, ou appartenir aux lois particulières sur la procédure.

(2) A quoi sert d'exiger que le tuteur officieux ait l'âge de cinquante ans, puisque la tutelle n'est encore qu'une espèce de donation, qui a pour objet l'engagement de fournir des soins au pupille? A quoi sert surtout d'exiger que l'enfant ait moins de quinze ans, comme s'il n'était pas cruel de priver un mineur de seize ans ou plus de l'avantage d'être pupille d'un homme qui voudrait devenir son tuteur officieux?

Inutile encore d'exiger le consentement de l'épouse du tuteur officieux.

(3) Les réquisitions à fin d'adoption que l'art. 368 du Code civil veut que le pupille fasse au tuteur officieux dans les trois mois qui suivent sa majorité, pour avoir droit d'exiger que ce tuteur, qui refuse de l'adopter, le mette du moins en état de gagner sa vie, ne me semblent pas convenables. Il faut laisser aux juges à décider si, même long-temps après la majorité, et notamment en cas de décès du tuteur officieux, il n'est pas juste que le tuteur, et notamment ses héritiers, soient tenus de mettre le pupille en état de gagner sa vie, sinon de lui fournir une pension alimentaire.

Je crois que c'est encore à tort que le même article du Code porte que l'obligation du tuteur, dans le cas dont il s'agit, doit se réduire à procurer un métier au pupille. Il faut laisser aux juges à reconnaître s'il n'est pas juste que l'obligation du tuteur, ou de ses héritiers, doive s'éten-

L'administration de la personne et des biens du pupille passe entre les mains du tuteur officieux (1).

Le tuteur officieux peut adopter le pupille par son testament, et, dans ce cas, il y a lieu à suivre, pour rendre l'adoption définitive, ce qui est prescrit par le sixième alinéa du § II de la section précédente (2).

Le tuteur officieux peut adopter son pupille pendant sa vie suivant les formes et conditions indiquées au § II de la section précédente.

Le contrat de tutelle officieuse s'opère par la déclaration que fait, devant le magistrat désigné par la loi, celui qui veut se rendre tuteur officieux, qu'il demande à devenir tuteur officieux de tel enfant mineur, et par le consentement des père, mère ou tuteur de l'enfant, exprimé devant le même magistrat, qui dresse du tout procès-verbal.

CHAPITRE III.

DE LA PUISSANCE PATERNELLE.

§ I.

Des devoirs réciproques des père et mère et des enfans.

L'enfant, à tout âge, doit honneur et respect à ses père et mère et autres ascendans.

Les père, mère et autres ascendans doivent nourrir, élever et entretenir leurs enfans et descendans.

Cette obligation est réciproque entre les descendans et les ascendans; ils se doivent mutuellement des alimens lorsqu'ils sont dans le besoin.

---

dre au-delà, vu les circonstances, par exemple, si le pupille devenait infirme, ou dans tout autre cas.

(1) La loi ne doit pas dire, comme le fait l'art. 365 du Code civil, que le tuteur officieux ne pourra imputer les dépenses de l'éducation sur les revenus propres du pupille. Il est injuste de rendre ici la condition du tuteur officieux pire que celle du tuteur ordinaire.

(2) Je ne vois point la nécessité du délai de cinq ans dont parle l'art. 366 du Code civil, non plus que de la condition que le tuteur officieux n'ait ni enfans ni descendans. Mais j'exige ici pour l'adoption ce qui est exigé plus haut pour l'adoption ordinaire.

Les alimens ne sont dus que dans la proportion du besoin de celui qui les réclame, et de la fortune de celui qui les doit.

Les alimens cessent d'être dus, lorsque celui auquel ils sont fournis peut s'alimenter par lui-même; dans ce cas, les alimens fournis peuvent être supprimés ou diminués selon les circonstances.

Il en est de même du cas où celui qui fournissait les alimens est placé dans un état tel qu'il ne peut plus en fournir ou les fournir dans la proportion précédemment fixée.

Le juge décide, selon les circonstances, si les alimens doivent être fournis par une pension alimentaire payée à l'ascendant ou au descendant dans le besoin, ou s'ils doivent être fournis en nature dans la maison même de celui qui les doit.

Cette faculté doit être accordée plus difficilement aux enfans qui offrent de recevoir leurs ascendans dans leur demeure pour les y nourrir et entretenir comme leur famille, qu'aux ascendans qui font la même offre à leurs descendans.

Les gendres et brus doivent des alimens à leurs beaux-pères et belles-mères; mais cette obligation cesse, 1° lorsque la belle-mère ou le beau-père (1) a convolé en secondes noces; 2° lorsque celui des époux qui produisait l'affinité et les enfans issus de son mariage avec l'autre époux, sont décédés.

L'obligation de fournir des alimens existe entre les père et mère et leurs enfans naturels légalement reconnus, mais non entre ces derniers et les ascendans des père et mère naturels.

Elle existe également entre les père et mère incestueux ou adultérins et leurs enfans incestueux ou adultérins, lorsqu'ils ont été reconnus dans les cas fixés par la loi.

§ II.

De l'autorité paternelle sur la personne des enfans.

La personne et les biens de l'enfant, jusqu'à sa majorité ou

------

(1) C'est une omission à réparer dans le Code civil que d'avoir désigné seulement la belle-mère; il y a même raison de décider pour le beau-père.

son émancipation, sont sous l'autorité et l'administration du père, et si le père est décédé, absent ou privé de la tutelle de ses enfans, de la mère qui n'a pas perdu la qualité de tutrice.

L'enfant doit demeurer dans la maison paternelle ou dans les lieux où il a été mis pour son éducation par son père ou sa mère (1).

Le père, et à son défaut, la mère, a droit de correction sur la personne de son enfant, dans les limites qui sont fixées par la loi ; ce droit est personnel et ne peut être transmis par eux à d'autres.

Le père ni la mère ne peuvent abuser du droit de correction jusqu'à blesser leurs enfans, sous peine d'emprisonnement et d'amende, sans préjudice de peines plus sévères, s'il y a lieu.

Ils ne peuvent les tenir privés de la liberté dans leur domicile pendant plus de dix jours, sous les mêmes peines (2).

Si le père a des sujets de mécontentement très-graves sur la conduite de son enfant, il peut le faire détenir pendant plus de dix jours avec la permission écrite du magistrat désigné par la loi.

Dans ce cas, la détention ne peut jamais durer plus de trois mois.

Le père est toujours maître d'abréger la durée de la détention par lui requise.

(1) La disposition de l'art. 374 du Code civil, qui permet à l'enfant de s'engager pour le service militaire après l'âge de dix-huit ans sans le consentement de ses parens, doit faire l'objet d'une loi spéciale qui appartient au droit public.

(2) Cette disposition, ainsi que celle de l'alinéa précédent, n'existent point dans le Code civil, et me paraissent devoir être exprimées dans la loi. Les pères, et les chefs d'institution auxquels cette disposition doit être appliquée par des réglemens d'administration publique, abusent trop souvent de la peine d'emprisonnement ou de détention qu'on leur laisse prononcer arbitrairement contre leurs enfans ou élèves. Quelle que soit la difficulté qu'il puisse y avoir à faire punir un père ou une mère pour une contravention à cette défense, il n'en est pas moins convenable de tracer une règle légale à cet égard.

Si, après sa sortie, l'enfant tombe dans de nouveaux écarts, la détention peut de nouveau être ordonnée comme il est dit aux alinéas précédens.

La mère survivante, qui a la tutelle de son enfant (1), peut exercer les mêmes droits que le père sur la personne de l'enfant (2).

L'enfant détenu sur la réquisition de ses père ou mère, a le droit de s'adresser par écrit ou par toute autre voie praticable qui doit lui être facilitée, au premier magistrat de la cour supérieure qui peut, après avoir pris l'avis des père ou mère, révoquer ou modifier l'ordre de détention.

Les alinéas précédens sont communs aux père et mère des enfans naturels et même incestueux ou adultérins légalement reconnus.

§ III.

De la jouissance légale des biens des enfans.

Le père, et si le père est décédé, privé de ses droits civils ou absent, la mère, ont la jouissance des biens propres appartenant à leurs enfans jusqu'à l'âge de dix-huit ans accomplis ou jusqu'à leur émancipation, si elle a lieu avant l'âge de dix-huit ans.

Les charges de cette jouissance sont celles auxquelles sont tenus les usufruisters.

Les père ou mère qui ont la jouissance des biens de leurs enfans sont tenus d'imputer les fruits qu'ils peuvent recueillir de cette jouissance sur les frais de nourriture, éducation,

---

(1) Si la mère remariée a conservé la tutelle de son enfant d'un autre lit, il n'y a aucune raison de lui retirer la puissance paternelle qui est accordée aux mères non remariées. C'est une faute à rectifier dans le Code civil.

(2) La nécessité du concours de deux parens, exigée par l'art. 381 du Code civil, ne me paraît pas devoir être imposée à la mère plus qu'au père : ou si on l'exige de la mère, il faut l'imposer également au père. Peut-être faudrait-il fonder pour cette circonstance une espèce de tribunal de famille.

entretien et tous autres faits à l'occasion de ces enfans, dans le cas où ils voudraient un jour se faire rembourser ces frais sur les biens desdits enfans (1).

Cette jouissance cesse à l'égard du père (2) et de la mère qui se sont remariés.

Elle ne s'étend pas aux biens que les enfans peuvent acquérir par un travail propre et une industrie séparée, ni à ceux qui leur sont donnés sous la condition expresse que les père et mère n'en jouiront pas.

TITRE III.

DE LA MINORITÉ ET DE LA TUTELLE, DE L'ÉMANCIPATION, DE L'INTERDICTION, ET DE L'ABSENCE.

CHAPITE PREMIER.

DE LA MINORITÉ, DE LA MAJORITÉ D'AGE ET DE LA TUTELLE.

SECTION I.

DE LA MINORITÉ ET DE LA MAJORITÉ D'AGE.

Tout individu âgé de moins de vingt-un ans accomplis est mineur.

Tout individu âgé de plus de vingt-un ans accomplis est majeur.

Le mineur non émancipé n'a l'administration ni de sa personne ni de ses biens.

Il doit avoir un tuteur qui soit chargé de diriger sa conduite, son éducation, et de gérer ses biens.

Il ne peut prendre aucuns engagemens contre lesquels il n'ait droit de se faire restituer, si ce n'est du consentement de son père ou tuteur, et dans les formes voulues par la loi.

---

(1) Cette dernière disposition me paraît devoir être spécifiée dans la loi ; elle n'est pas assez formellement exprimée dans le Code civil.

(2) Le père remarié ne doit pas avoir plus de droits que la mère remariée, que le Code civil prive seule de cette jouissance.

Néanmoins il doit le remboursement des sommes qu'il a reçues, lorsqu'il est prouvé qu'elles ont tourné à son profit, et dans la proportion de ce dont il a profité.

Le mineur n'est point restituable contre les obligations résultant d'un délit qu'il a commis ou d'un quasi-délit.

Toute personne majeure qui contracte quelques obligations envers un mineur est tenue de les exécuter, si le mineur ou son tuteur l'exige.

Le majeur, non interdit, est capable de tous les actes d'administration de sa personne et de ses biens, que des lois spéciales ne lui défendent pas.

SECTION II.

DE LA TUTELLE LÉGALE OU DÉFÉRÉE PAR LES ASCENDANS.

§ I.

De la tutelle légale des père et mère.

La puissance paternelle donne au père et à la mère, comme il a été dit au titre précédent, la tutelle légale de leurs enfans.

Le père peut, avant de mourir, nommer par son testament ou par un acte spécial devant le magistrat désigné par la loi, un conseil composé d'une ou plusieurs personnes, sans l'avis duquel la mère ne pourra faire aucun acte ou certains actes par lui spécifiés de la tutelle qui lui appartient de droit après la mort du père.

La mère, à la mort du père, peut se faire décharger de la tutelle de ses enfans par le conseil de famille, qui ne peut lui refuser cette décharge; mais elle doit remplir les devoirs de tutrice jusqu'à la nomination d'un tuteur.

Si la mère tutrice veut se remarier, elle doit préalablement faire convoquer le conseil de famille, qui décide si la tutelle doit ou non lui être conservée.

Si la mère convole à de nouvelles noces sans avoir préalablement fait décider par le conseil de famille que la tutelle doit lui être conservée, le conseil peut la priver de la tutelle, et le nouveau mari est solidairement avec elle responsable de tous les dommages-intérêts envers le mineur (1).

Lorsque le conseil de famille conserve la tutelle à la mère remariée, le nouveau mari est de plein droit cotuteur et solidairement responsable avec elle de la gestion postérieure au nouveau mariage.

§ II.

De la tutelle déférée par les père et mère.

Le père, lorsque la mère est décédée, ou la mère, lorsque le père est décédé, et qu'elle n'a pas perdu la tutelle, peuvent avant de mourir, choisir un tuteur à leurs enfans, soit par testament, soit par un acte spécial devant le magistrat désigné par la loi ; dans ce cas, le tuteur nommé par le père ou la mère a de droit la tutelle des enfans après la mort du père ou de la mère qui l'a nommé.

La mère remariée, même maintenue dans la tutelle, ne peut choisir un tuteur pour exercer la tutelle après sa mort que sauf l'approbation du conseil de famille qui peut toujours en nommer un autre.

§ III.

De la tutelle des ascendans autres que le père et la mère.

Lorsqu'il n'a point été choisi de tuteur par le père ni la mère décédés, conformément au § précédent, la tutelle appartient de droit à l'aïeul paternel du mineur ; à défaut de celui-

---

(1) Le Code civil dit à tort que la mère doit perdre de plein droit la tutelle dans le cas où elle se serait remariée sans avoir fait préalablement convoquer le conseil de famille. Il faut laisser ce conseil juge de savoir si l'intérêt du mineur, même dans ce cas, n'exige pas la continuation de la tutelle entre les mains de la mère, par exemple, s'il n'y a point eu de fraude, mais seulement oubli ou omission des formes légales.

ci, à son aïeul maternel, et ainsi en remontant, de manière que l'ascendant paternel soit toujours préféré à l'ascendant maternel du même degré.

Si la concurrence a lieu entre deux bisaïeuls de la ligne maternelle, la tutelle doit passer à l'aïeul paternel de la mère du mineur (1).

§ IV.

Des enfans sans père ni mère connus.

Lorsqu'un enfant n'a ni père ni mère connus légalement, la tutelle en appartient de droit à l'autorité municipale du lieu où il est né, ou du lieu où il a été trouvé.

SECTION III.

DU CONSEIL DE FAMILLE ET DE LA TUTELLE PAR LUI DÉFÉRÉE.

§ 1.

De la composition et des délibérations du conseil de famille.

Le conseil de famille est une assemblée composée ordinairement de six parens ou amis d'un mineur, appelée à donner son avis, lorsque la loi le requiert, dans l'intérêt de ce mineur.

Ce conseil est présidé par le magistrat que la loi désigne à cet effet, et qui fait partie intégrante du conseil, avec voix délibérative et prépondérante en cas de partage.

Les frères et beaux-frères, maris des sœurs germaines, et les ascendantes, sont toujours appelés à former le conseil de famille, quel que soit leur nombre.

Dans le cas où les frères et beaux-frères germains ne forment pas le nombre de six personnes, on appelle, pour le com-

---

(1) Il y a ici une erreur dans le Code civil qui désigne pour tuteur légal, en cas de concurrence de deux bisaïeuls dans la ligne paternelle, celui qui est l'aïeul paternel du père, et veut laisser au choix du conseil de famille la nomination du bisaïeul dans la ligne maternelle, en cas de concurrence entre deux bisaïeuls de cette ligne. Il y a même raison de décider dans l'un et l'autre cas.

pléter, d'autres parens, ou, à leur défaut, des amis ou voisins; les ascendantes ont toujours le droit d'assister à ce conseil avec voix délibérative, mais elles ne comptent pas pour former le nombre de six qui est nécessaire pour composer le conseil de famille.

Lorsqu'il y a lieu d'appeler, pour composer le conseil de famille, des parens autres que les frères et beaux-frères germains, on doit choisir, autant que possible, un nombre égal de parens dans la ligne paternelle et la ligne maternelle, en suivant l'ordre de proximité de parenté dans chaque ligne, et en préférant le parent à l'allié au même degré, et entre les parens ou alliés au même degré, le plus âgé à celui qui l'est le moins.

Le magistrat peut appeler à composer le conseil de famille les parens ou alliés qu'il juge convenable, suivant l'ordre ci-dessus réglé, soit qu'ils demeurent sur les lieux où le conseil est convoqué, soit qu'ils demeurent à une distance quelconque, en leur donnant toutefois le temps nécessaire pour être avertis et se rendre au lieu de la convocation (1).

Les parens cités en vertu de l'ordonnance du magistrat à comparaître devant lui pour composer le conseil de famille, doivent se trouver au jour, à l'heure et au lieu indiqués, sous peine d'amende.

Les non comparans peuvent se faire relever de l'amende prononcée contre eux, en justifiant d'excuses suffisantes.

Les parens ou amis appelés au conseil de famille peuvent s'y faire représenter par un fondé de pouvoir spécial ; mais nul ne peut représenter dans le conseil plus d'un de ses membres.

Cinq membres présens au moins sont nécessaires pour la validité des délibérations du conseil, non compris le magis-

____

(1) Il n'y a point à fixer un délai de trois jours ou autre, comme le fait le Code civil; il faut laisser au magistrat à cet égard une latitude dont il est impossible qu'il puisse abuser. C'est charger la législation de dispositions inutiles.

trat qui le préside, et hors le cas où le conseil est composé de plus de six membres, auquel cas il faut la présence des trois quarts au moins de ses membres pour valider ses délibérations.

Le magistrat chargé de la convocation du conseil de famille ne peut jamais refuser de le convoquer, lorsqu'il en est requis pour délibérer sur un intérêt quelconque du mineur, par les tuteur, prototuteur, subrogé tuteur, curateur, ou par tout héritier présomptif du mineur; mais dans le cas où la convocation est requise par un héritier présomptif du mineur, le conseil de famille, convoqué à sa réquisition, peut mettre à sa charge les frais de la convocation, si la réquisition a été faite sans utilité reconnue par le conseil (1).

Toutes les fois que les délibérations du conseil de famille ne sont pas unanimes, l'avis de chacun de ses membres doit être individuellement mentionné au procès-verbal.

Les délibérations du conseil de famille peuvent être attaquées devant les tribunaux, tant par les tuteur, prototuteur, subrogé tuteur et curateur, que par les membres du conseil qui ont assisté et concouru à la délibération attaquée.

La demande est formée, dans ce cas, contre les membres du conseil qui ont été d'avis de la délibération.

Aucune délibération du conseil ne peut être mise à exécution avant d'avoir été homologuée par le juge.

Si le tuteur, le subrogé tuteur, ou le membre du conseil chargé par l'assemblée de poursuivre l'homologation, ne le fait pas dans le délai fixé par le conseil, ou, au plus tard, dans la quinzaine, à partir du jour de la délibération, tout membre du conseil qui a concouru à cette délibération peut poursuivre directement l'homologation contre le tuteur ou autre chargé, aux frais de celui-ci.

Ceux des membres de l'assemblée qui croient devoir s'oppo-

______

(1) C'est là une disposition nouvelle qui me paraît devoir être introduite dans la loi.

ser à l'homologation, peuvent le déclarer par acte signifié à celui qui est chargé de la poursuivre, et s'ils ne sont pas appelés pour être présens au jugement d'homologation, ils peuvent se pourvoir contre lui par opposition.

Les jugemens d'homologation sont toujours susceptibles d'appel.

§ II.

Des tuteurs et du subrogé tuteur.

Lorsqu'il n'y a point de tuteur légal d'un mineur, ni de tuteur valablement élu par le père ou la mère dans les cas voulus par la loi, il y a lieu à faire nommer un tuteur ordinaire par le conseil de famille.

Toutes les fois qu'il y a lieu à nommer un tuteur, le conseil de famille doit être convoqué par le magistrat du lieu de la demeure du mineur, soit d'office, soit sur la réquisition des parens.

Si le mineur possède des biens à des distances trop éloignées pour qu'un seul tuteur puisse convenablement les administrer, il y a lieu à nommer un tuteur de la personne et des biens en général du mineur, et en outre un ou plusieurs protuteurs dont les fonctions et la gestion sont déterminées à certains biens désignés spécialement (1).

Lorsque, pendant le mariage, le père de l'enfant a des intérêts en litige avec lui, il y a lieu à nommer par le conseil de famille un tuteur *ad hoc* chargé de représenter l'enfant devant les tribunaux.

Toutes les fois que le conseil est appelé à nommer un tuteur, il doit nommer en même temps un subrogé tuteur dont les fonctions sont de surveiller l'administration du tuteur, de se faire rendre par lui des comptes de sa gestion , et notamment

(1) Il faut laisser au conseil de famille à décider si le tuteur et le protuteur seront absolument indépendans l'un de l'autre et sans responsabilité l'un envers l'autre pour leur gestion respective.

d'agir au nom du mineur quand les intérêts de ce dernier sont opposés à ceux du tuteur.

Dans tous les cas où, après la mort du père ou de la mère du mineur, la tutelle légale appartient au survivant d'eux, ou à un tuteur nommé par eux, ou à un ascendant, il y a lieu à nommer un subrogé tuteur pour surveiller la tutelle.

Le tuteur légal, ou élu par le père ou la mère, qui, dans ces cas, s'immisce dans l'administration de la tutelle sans avoir au préalable fait procéder à la nomination d'un subrogé tuteur, peut être, pour ce seul fait, privé de la tutelle, sans préjudice des dommages-intérêts qui peuvent être dûs au mineur pour une administration vicieuse.

Le subrogé tuteur doit toujours être choisi hors de la ligne à laquelle le tuteur appartient, sauf le cas où le tuteur et le subrogé tuteur sont frères ou beaux-frères germains.

En aucun cas le tuteur ne peut voter pour la nomination du subrogé tuteur.

Le subrogé tuteur ne remplace point le tuteur lorsque la tutelle devient vacante par mort ou absence de tuteur ; il doit seulement, dans ce cas, sous peine des dommages et intérêts envers le mineur, provoquer la nomination d'un nouveau tuteur.

Les fonctions du subrogé tuteur finissent en même temps que la tutelle (1).

Si, lors du décès du mari, la femme est enceinte, il doit être nommé un curateur au ventre par le conseil de famille.

A la naissance de l'enfant, le curateur en devient de plein droit le subrogé tuteur, comme la mère en devient tutrice légale.

Si le tuteur est absent du conseil de famille qui l'a nommé,

______

(1) Il n'y a aucune raison de défendre au subrogé tuteur de provoquer la destitution du tuteur qui l'a mérité ; et c'est seulement dans le cas où il a provoqué lui-même cette destitution que la convenance exige qu'il ne vote pas dans le conseil de famille appelé à prononcer sur son accusation ou sa dénonciation.

la notification de sa nomination doit lui être faite à la diligence du subrogé tuteur, et, à son défaut, à celle d'un membre de l'assemblée qui est désigné par elle à cet effet.

Cette notification doit être faite dans les trois jours de la délibération, outre les délais de distance, sous peine des dommages-intérêts qui peuvent être dûs au mineur.

SECTION IV.

DES DISPENSES, DES EXCLUSIONS ET DE LA DESTITUTION DE
LA TUTELLE.

§ I.

Des dispenses de tutelle.

Sont dispensés de la tutelle, tous les citoyens exerçant une fonction publique dans un ressort autre que celui où la tutelle est déférée, et les militaires en activité de service.

Ceux qui ont accepté la tutelle, quoique se trouvant dans les deux cas ci-dessus, ne sont plus admis à s'en faire décharger.

Ceux qui se trouvent dans ces deux cas, arrivés postérieurement à leur acceptation de la tutelle, peuvent s'en faire décharger, en requérant le magistrat de convoquer le conseil de famille pour recevoir leurs dispenses, dans le plus bref délai posssible (1), à peine de déchéance.

Si, à l'expiration de ces cas, le nouveau tuteur réclame sa décharge, ou que l'ancien redemande la tutelle, elle peut être rendue à l'ancien tuteur par le conseil de famille.

Tout individu âgé de soixante-cinq ans accomplis peut refuser la tutelle; celui qui a été nommé avant cet âge, peut se faire décharger de la tutelle lorsqu'il est parvenu à l'âge de soixante-dix ans accomplis.

Tout individu atteint d'une infirmité grave et dûment constatée, est dispensé de la tutelle. Il peut s'en faire décharger, si cette infirmité est survenue après sa nomination.

_____

(1) Je ne crois pas que le délai doive être précisé ; il faut s'en rapporter aux tribunaux.

Deux tutelles sont, pour toutes personnes, une juste dispense d'en accepter une troisième.

Celui qui, étant père, est déjà chargé d'une tutelle, ne peut être tenu d'en accepter une seconde, excepté celle de ses enfans (1).

Celui qui a cinq enfans légitimes est dispensé de toute tutelle autre que celle de ses enfans (2).

Les enfans morts qui ont laissé des enfans vivans, sont comptés pour cette dispense comme s'ils étaient existans (3).

Un citoyen, non parent ni allié du mineur, ne peut être forcé d'accepter la tutelle, s'il existe, dans la distance d'une journée de chemin du lieu où la tutelle est déférée, des parens ou alliés, non incapables, excluables ou dispensés de la tutelle.

Le tuteur, présent à sa nomination dans le sein du conseil de famille, doit proposer ses dispenses, séance tenante, sous peine de ne pouvoir les proposer plus tard.

Le tuteur nommé en son absence par le conseil de famille, doit requérir la convocation d'un nouveau conseil, à l'effet de délibérer sur ses dispenses, dans les trois jours au plus tard, outre les délais rendus indispensables par les distances, à compter du jour où la nomination lui a été notifiée, sous peine de déchéance.

Si les dispenses proposées par le tuteur sont rejetées par le conseil, il peut se pourvoir devant les tribunaux; mais il est tenu d'administrer provisoirement.

(1) C'est une erreur d'avoir dit : *Celui qui, époux ou père*, etc; la charge d'époux ne peut être considérée comme une tutelle.

(2) C'est une faveur ridicule que de compter comme existans les enfans morts au service de l'État dans les armées. Cette flatterie dictée par l'esprit du temps où le Code a été rédigé, n'est plus à conserver de nos jours.

(3) C'est une contradiction choquante de ne pas accorder à la survenance d'enfans après l'acceptation de la tutelle, ce qu'on accorde à l'existence des enfans avant cette acceptation; il faut que la survenance de cinq enfans autorise le tuteur à se faire décharger de la tutelle, comme l'existence de ce nombre d'enfans le dispense de l'accepter.

. S'il parvient à faire admettre ses dispenses, les membres du conseil de famille qui les a rejetées peuvent être condamnés aux frais.

§ II.

Des exclusions et de la destitution de la tutelle.

Sont incapables d'être tuteurs, 1° les mineurs, excepté le père et la mère; 2° les femmes, autres que la mère et les ascendantes; 3° les interdits; 4° tous ceux qui ont, ou dont les père, mère, ascendans ou descendans (1) ont avec le mineur un procès dans lequel l'état de ce mineur ou une partie notable de ses biens sont compromis.

La condamnation à une peine criminelle est une cause d'exclusion et de destitution de la tutelle.

L'inconduite notoire, et le vice d'une gestion qui atteste l'incapacité ou l'infidélité, sont des causes d'exclusion et de destitution de la tutelle.

Tout individu qui a été exclu ou destitué d'une tutelle, dans les cas ci-dessus énoncés, ne peut plus faire partie d'un conseil de famille.

Le conseil de famille peut toujours remplacer le tuteur par un autre, sans être obligé d'en faire connaître les motifs (2).

La destitution et le remplacement du tuteur peuvent être provoqués par le subrogé tuteur, par tout parent héritier présomptif du mineur (3), ou d'office par le magistrat (4).

---

(1) C'est une faute du Code de n'avoir nommé que les père et mère; on conçoit qu'il fallait dire comme je le dis ici : *Les père, mère, ascendans ou descendans.*

(2) Cette disposition manque dans le Code, et est nécessaire pour permettre au conseil de famille de remplacer un tuteur qui, sans qu'on puisse justifier d'actes capables de le faire destituer, inspire cependant des craintes dans l'intérêt du mineur.

(3) Cette dernière disposition, qui n'existe pas dans le Code, est évidemment convenable et dictée par un intérêt réel.

(4) Cette disposition me paraît devoir remplacer celle qui existe dans le Code civil.

SECTION V.

DE L'ADMINISTRATION DE LA TUTELLE.

§ I.

Des fonctions du tuteur en général.

Le tuteur a l'autorité d'un père sur la personne et les biens du pupille, sauf les restrictions ci-après indiquées.

Si le tuteur a des sujets de mécontentement très-graves sur la conduite du pupille, il peut porter ses plaintes au conseil de famille, et, s'il y est autorisé par ce conseil, provoquer la détention du mineur conformément à ce qui est dit au sixième alinéa, § II, chap. III du titre de la PUISSANCE PARTENELLE.

Le tuteur représente le mineur dans tous les actes civils.

Il doit prendre soin de sa personne et de son éducation, et administrer ses biens en bon père de famille.

Il répond des dommages-intérêts résultans d'une mauvaise gestion, même des fautes les plus légères.

Il doit administrer du jour de sa nomination ou de la notification de sa nomination.

Il ne peut acheter ni prendre à bail les biens du mineur, à moins que le conseil de famille n'ait expressément autorisé le subrogé tuteur à lui en passer vente ou bail (1).

Les fonctions de tuteur, protuteur, subrogé tuteur et cu-

---

(1) Il y a une faute à rectifier dans le Code civil, qui paraît ne pas permettre la vente des biens du mineur au tuteur, même en cas d'autorisation expresse du conseil de famille. Cette impossibilité absolue pourrait être nuisible aux intérêts du mineur.

C'est encore une faute dans ce Code de refuser au tuteur la faculté d'acquérir aucun droit ni créance contre son pupille; par exemple, si le tuteur était créancier d'un créancier du pupille, il ne pourrait donc pas accepter en paiement une créance contre ce dernier? Cependant il n'y a aucune raison plausible de s'y opposer, car du moment que les intérêts du tuteur deviennent opposés à ceux du mineur, il y a lieu à l'action du subrogé tuteur, et même le conseil de famille peut, pour ce seul fait, prononcer le remplacement du tuteur.

42   INSTITUTES.

rateur sont essentiellement gratuites, et ne peuvent être sala-
riées ni indemnisées à quelque titre et sous quelque prétexte
que ce soit; il n'est dû aux tuteur, protuteur, subrogé tuteur
et curateur, que le remboursement des dépenses qu'ils justi-
fient avoir utilement faites dans l'intérêt du mineur.

La tutelle est une charge personnelle qui ne passe point aux
héritiers du tuteur; ils doivent seulement, s'ils sont majeurs,
continuer la gestion de leur auteur jusqu'à la nomination d'un
nouveau tuteur.

§ II.

Des opérations préliminaires de la tutelle.

Dans les dix jours de sa nomination ou de la notification
de sa nomination, le tuteur est tenu de requérir la levée des
scellés apposés sur les biens des successions auxquelles le
mineur est intéressé, s'il en existe, et de faire procéder immédiatement à l'inventaire.

S'il est dû quelque chose au tuteur par ces successions,
il doit en faire la déclaration dans l'inventaire, à peine de
déchéance, et ce, sur la réquisition qui doit lui en être faite
par l'officier public chargé de procéder à l'inventaire, de laquelle réquisition mention doit être faite au procès-verbal.

Dans le mois qui suit la clôture de l'inventaire, le tuteur
doit faire procéder par la voie des enchères publiques à la
vente du mobilier dépendant des successions dans lesquelles est
intéressé le mineur, et ce, en présence du subrogé tuteur et
dans les formes d'usage.

Néanmoins le conseil de famille peut autoriser le tuteur à
conserver tout ou partie du mobilier en nature, à la charge,
toutefois, d'en faire dresser un état estimatif d'accord avec le
subrogé tuteur et approuvé par le magistrat (1).

Le conseil de famille peut aussi autoriser le tuteur à procéder à l'amiable à la vente, ou, si les meubles appartiennent

____

(1) L'approbation du magistrat est importante dans l'intérêt du mineur;
la loi doit l'exiger.

à plusieurs co-héritiers ou co-propriétaires dont fasse partie le mineur, au partage de ce mobilier.

Les père ou mère ayant la jouissance des biens de leurs enfans sont dispensés de faire vendre le mobilier appartenant à leurs enfans, mais à la charge d'en faire dresser un état estimatif, d'accord avec le subrogé tuteur et approuvé par le magistrat (1).

§ III..

De l'emploi des deniers du mineur.

Lors de l'entrée en exercice de toute tutelle, autre que celle des père et mère, le conseil de famille doit régler par aperçu, et selon les facultés du mineur, la somme à laquelle pourra s'élever la dépense annuelle du pupille, ainsi que la dépense annuelle de l'administration de ses biens, et tous les frais extraordinaires de gestion particulière et salariée qui peut être nécessaire.

Si le conseil de famille n'a pas déterminé le délai après lequel le tuteur sera tenu de faire emploi des deniers ou excédans des revenus du mineur, cet emploi doit être fait dans le délai de six mois, après le versement des deniers ou excédans des revenus dans les mains du tuteur.

Passé ce délai de six mois, ou celui fixé par le conseil de famille, le tuteur doit les intérêts des sommes qui ont dû être employées, que l'emploi ait ou non eu lieu.

§ IV.

De l'aliénation des biens des mineurs.

Le tuteur, même le père ou la mère, ne peut vendre, donner, hypothéquer ni aliéner d'une manière quelconque les biens du mineur, sans l'autorisation expresse et spéciale du conseil de famille. Cette autorisation ne doit être accordée que pour cause de nécessité absolue ou d'avantage évident;

_____

(1) La nécessité de l'expert et du serment de l'expert devant le magistrat paraissent inutiles à exprimer dans la loi.

le conseil de famille doit indiquer, dans ce cas, les biens ou les droits à aliéner ou hypothéquer, ainsi que toutes les conditions qu'il juge utiles dans l'intérêt du mineur (1).

Aucun emprunt ne peut être fait non plus pour le mineur qu'en vertu d'une semblable autorisation du conseil de famille.

La vente des biens appartenant en tout ou partie à un mineur, ne peut avoir lieu qu'aux enchères publiques, dans les formes réglées par la loi (2), et en présence du subrogé tuteur.

Lorsqu'il y a lieu au partage de biens dans lesquels un ou plusieurs mineurs ont un droit de co-propriété, ce partage ne peut s'opérer qu'en justice et dans les formes spéciales réglées par la loi.

§ V.

Des successions et donations échues aux mineurs.

Le tuteur, même le père ou la mère, ne peut accepter ni répudier une succession échue, accepter ni refuser une donation faite au mineur, sans une autorisation du conseil de famille.

Le tuteur, même le père ou la mère, ne peut accepter une succession échue au mineur que sous bénéfice d'inventaire.

---

(1) Je ne fais aucune distinction entre les biens meubles et les biens immeubles. J'exige l'autorisation du conseil de famille pour l'aliénation de biens quelconques du mineur; le Code civil ne l'exige que pour les immeubles, mais cela me paraît une faute à rectifier.

(2) Il me paraît qu'il ne doit y avoir qu'une seule forme de vente d'immeubles aux enchères publiques, et pour les immeubles appartenant à des mineurs, et pour les immeubles vendus par suite de saisie immobilière, et pour ceux vendus sur licitation en justice. Les précautions à prendre dans ces espèces de ventes doivent être aussi grandes dans un cas que dans l'autre; il s'agit d'assurer la plus grande publicité et la plus grande loyauté possible. Les formalités des ventes judiciaires appartiennent non au droit civil, mais à la procédure.

§ VI.

Des procès intéressant les mineurs.

Le tuteur, même le père ou la mère, ne peut introduire en justice une action relative aux droits du mineur ni acquiescer à une demande relative aux mêmes droits, sans l'autorisation du conseil de famille.

La même autorisation est nécessaire à tout tuteur pour provoquer un partage de biens meubles ou immeubles.

Le tuteur peut défendre à toute action intentée au mineur, sans avoir besoin d'y être autorisé par le conseil de famille.

Le tuteur, même le père ou la mère, ne peut transiger qu'après y avoir été expressément et spécialement autorisé par le conseil de famille (1).

SECTION VI.

DES COMPTES DE TUTELLE.

Tout tuteur est comptable de sa gestion lorsqu'elle finit.

Tout tuteur peut être tenu, durant la tutelle, de remettre au conseil de famille ou au subrogé tuteur, ou à tout autre désigné par le conseil, des états de situation de sa gestion, suivant la forme et de la manière réglée par le conseil (2).

Le compte définitif de tutelle doit être rendu aux frais du mineur, lorsqu'il a atteint sa majorité ou son émancipation, ou lorsque la tutelle finit d'une manière quelconque.

---

(1) L'avis de trois jurisconsultes exigé par le Code civil, suivant un vieil usage, me paraît inutile.

(2) Cette disposition générale me paraît devoir remplacer celle de l'article 470 du Code civil. Le père et la mère ne doivent pas plus être dispensés que d'autres de prouver au conseil de famille, qui le demande, qu'ils n'abusent pas de la tutelle pour dissiper les biens de leur enfant. N'astreindre le tuteur qu'à donner des états de situation au subrogé tuteur, hors la présence du conseil, et seulement une fois l'an, comme le fait l'art. 470 du Code civil, enfin toute limite posée par la loi au droit du conseil de famille de se faire rendre compte par le tuteur de la gestion de la tutelle, est contraire à l'intérêt du mineur et ne peut servir qu'à favoriser la fraude possible d'un tuteur.

Tout traité qui peut intervenir entre le tuteur et le mineur, devenu majeur, dans les dix ans qui suivent la majorité, est nul, s'il n'est précédé de la reddition d'un compte détaillé accompagné des pièces justificatives à l'appui, remis au mineur avant le traité, et si ce traité n'est approuvé par le juge (1).

Les sommes dont le tuteur est reliquataire après l'expiration de la tutelle, portent intérêt, sans demande, à compter de la clôture du compte de tutelle, sans préjudice de ce qui est dit au troisième alinéa du § III de la présente section.

Les intérêts de ce qui est dû au tuteur par le mineur ne courent que du jour de l'arrêté de compte, ou de la demande en justice contre le mineur (2).

Toute action du mineur contre son tuteur, relativement aux faits de tutelle, se prescrit par dix ans, à compter de la majorité.

CHAPITRE II.

DE L'ÉMANCIPATION.

§ I.

Des mineurs émancipés en général.

Le mineur peut être émancipé par son père, ou en cas de décès, abscence, interdiction ou privation des droits civils du père, par sa mère, lorsqu'il a atteint l'âge de quinze ans révolus.

Cette émancipation s'opère par la seule déclaration qu'en fait le père ou la mère devant le magistrat désigné par la loi.

Le mineur resté sans père ni mère peut être émancipé par une délibération du conseil de famille (3).

(1) La précaution voulue par l'art. 472 du Code civil ne me paraît pas suffisante ; elle peut être trop facilement éludée. Il faut que le traité soit approuvé par le juge.

(2) Cette disposition me parait préférable à celle de l'art. 474 du Code civil.

(3) Il n'y a aucune raison valable de retarder l'âge auquel le mineur peut être émancipé, lorsqu'il n'a ni père ni mère : au contraire, un mineur a plutôt besoin d'être livré à lui-même et mis en état de gérer sa fortune

Le mineur est émancipé de plein droit par le mariage.

Tout mineur émancipé doit avoir un curateur.

Lorsque l'émancipation a lieu par la déclaration du père ou de la mère devant le magistrat, la curatelle appartient de droit au père ou à la mère émancipant.

La curatelle appartient également de droit au tuteur légalement choisi par le père ou la mère, ou aux ascendans qui ont la tutelle légale du mineur.

La curatelle de la femme émancipée par le mariage appartient au mari (1).

Dans tous les autres cas, le curateur doit être nommé par le conseil de famille dans la délibération même de laquelle résulte l'émancipation.

Le mineur émancipé n'a que le droit de simple administration.

Il ne peut vendre, donner, hypothéquer ni aliéner d'une manière quelconque, ses biens meubles ou immeubles, sans l'autorisation du conseil de famille.

Il ne peut non plus faire d'emprunt sous aucun prétexte sans une semblable autorisation.

Néanmoins il peut intenter une action mobilière ou immobilière et y défendre, mais seulement avec assistance de son curateur.

Il peut également, mais avec l'assistance de son curateur, recevoir et donner décharge d'un capital mobilier.

Dans ce dernier cas, le curateur est tenu de surveiller l'emploi du capital reçu.

quand son père et sa mère ne peuvent plus travailler et gérer pour lui. Il faut du moins laisser au conseil de famille la liberté de faire à cet égard ce qu'il jugera le plus convenable dans l'intérêt du mineur.

Au reste la disposition nouvelle proposée au dixième alinéa, § I, section III, chap. I du présent titre, remplace suffisamment celle de l'article 479 du Code civil.

(2) Ces dispositions manquent dans le Code civil.

Le mineur émancipé peut, sans l'assistance de son curateur, passer des baux dont la durée n'excède point neuf ans, recevoir ses revenus, en donner décharge, et en général faire tous les actes de pure administration.

Il ne peut ester en jugement, sans l'assistance de son curateur, même dans les actions relatives à des actes de pure administration.

Les obligations du mineur émancipé, par voie d'achat ou autrement, sont réductibles en cas d'excès, auquel cas les tribunaux doivent prendre en considération la fortune du mineur, la bonne ou mauvaise foi des personnes qui ont contracté avec lui, et l'utilité ou l'inutilité des dépenses.

Tout mineur émancipé dont les engagemens ont été reduits conformément à l'alinéa précédent, peut être privé du bénéfice de l'émancipatiou, laquelle lui est retirée dans les mêmes formes que celles qui ont eu lieu pour la conférer.

Le mineur dont l'émancipation a été révoquée rentre en tutelle et doit y rester jusqu'à sa majorité.

§ II.

Des mineurs émancipés commerçans.

Le mineur émancipé qui fait le commerce est réputé majeur pour tous les faits relatifs à ce commerce, 1° lorsqu'il y a été autorisé par ceux qui ont droit de l'émanciper, père, mère ou conseil de famille ; 2° lorsque l'acte d'autorisation a été enregistré et publié dans les formes d'usage (1).

Les mineurs émancipés, autorisés comme il vient d'être dit à faire le commerce, peuvent engager et hypothéquer leurs biens comme les majeurs ; mais ils ne peuvent les vendre que dans les formes exigées pour la vente des biens des mineurs.

(1) L'art. 2 du Code de commerce exige que le mineur émancipé ait dix-huit ans accomplis. Je ne vois point la nécessité absolue de cet âge, quand ceux qui ont le droit d'émanciper jugent que le mineur peut être commerçant avant de l'avoir atteint.

Ils ne peuvent aliéner leurs immeubles à titre gratuit, hors les cas prévus par la loi, comme en cas de mariage.

CHAPITRE III.

DE L'INTERDICTION.

On distingue dans l'interdiction, l'interdiction proprement dite et la nomination d'un conseil judiciaire.

§ I.

Du jugement d'interdiction.

Le majeur qui est dans un état habituel d'imbécillité, de démence ou de fureur, doit être interdit.

L'interdiction peut être provoquée par tout héritier présomptif du majeur à interdire.

L'interdiction peut être provoquée par l'un des époux à l'égard de l'autre.

Dans les cas où l'état du majeur à interdire est de nature à compromettre la sûreté ou l'ordre public, l'interdiction peut être provoquée par le ministère public.

Le ministère public peut aussi, dans tous les autres cas, provoquer l'interdiction, lorsque le majeur à interdire n'a point de parens héritiers présomptifs ni de conjoint connus qui agissent.

L'interdiction est jugée par les tribunaux sur pièces, témoins et interrogatoire du prévenu d'interdiction.

Un conseil de famille est, dans tous les cas, appelé à donner son avis préalable, et ceux qui ont provoqué l'interdiction ne peuvent assister à ses délibérations, excepté l'époux, l'épouse où les enfans et ascendans du prévenu, mais qui ne peuvent y avoir voix délibérative.

Après le premier interrogatoire du prévenu, le tribunal peut nommer un administrateur provisoire de sa personne et de ses biens.

Le prévenu d'interdiction doit avoir un défenseur choisi

par lui ou nommé d'office par le juge, à peine de nullité de l'interdiction (1).

Le jugement qui prononce l'interdiction est toujours susceptible d'appel, dans les délais, quand même l'interdit aurait renoncé à en appeler.

Le jugement d'interdiction doit être publié dans les dix jours de sa signification à l'interdit, suivant les formes de publication ordinaires, à peine des dommages-intérêts envers les personnes lésées contre ceux qui ont obtenu le jugement d'interdiction.

§ II.

Des interdits.

Tous actes passés par l'interdit, après la prononciation du jugement d'interdiction, sont nuls de droit.

Les actes antérieurs au jugement d'interdiction peuvent être annulés, si la cause de l'interdiction paraît au juge avoir été la cause même de ces actes.

Ces actes peuvent être annulés quand même l'individu dont on a provoqué l'interdiction serait décédé avant la prononciation du jugement d'interdiction.

Ils peuvent être annulés, quand même l'interdiction n'aurait pas été provoquée.

Il doit être pourvu, immédiatement après l'interdiction, à la nomination d'un tuteur et d'un subrogé tuteur de l'interdit, comme en cas de minorité et suivant les mêmes règles.

Le mari est de droit tuteur de sa femme interdite, le père, la mère et les autres ascendans, de leur enfant, suivant les mêmes règles qu'il a été dit pour les mineurs.

La femme peut être nommée tutrice de son mari, mais sauf les restrictions que peut y mettre le conseil de famille, et sauf le recours de la femme qui se prétend lésée par la délibération du conseil de famille, et la décision des tribunaux.

___

(1) Cette disposition est nécessaire pour assurer que le prévenu d'interdiction a été loyalement et réellement défendu.

Nul, à l'exception des époux, des enfans et des ascendans, ne peut être tenu de conserver la tutelle pendant plus de dix ans; à l'expiration de ce temps, il doit obtenir sa décharge, s'il la demande.

L'interdit est en tout assimilé au mineur, et tout ce qui a été dit pour le cas de minorité est applicable à celui d'interdiction.

Les revenus de l'interdit doivent être consacrés exclusivement à adoucir son sort et à accélérer sa guérison, suivant les règles tracées par le conseil de famille.

L'interdit doit conserver sa liberté personnelle comme tous les autres citoyens non interdits, excepté lorsque cette liberté peut être dangereuse pour la sûreté et l'ordre publics, auquel cas il y est pourvu à la requête du ministère public et par décision de justice.

Dans tous les cas où le juge décide qu'il y a lieu de priver l'interdit de sa liberté personnelle, le temps pendant lequel l'interdit doit être privé de cette liberté, doit être fixé par le jugement, et ne peut excéder une année, à l'expiration de laquelle le juge fixe un nouveau délai, s'il y a lieu, mais qui ne peut jamais excéder un an (1).

Lorsqu'il y a lieu de pourvoir par dot ou autrement au mariage d'un enfant de l'interdit, tout doit être réglé par délibération du conseil de famille.

L'interdiction doit cesser avec les causes qui l'ont déterminée; mais la main-levée ne peut en être prononcée que dans les formes prescrites pour parvenir à l'interdiction, et l'interdit

(1) Les dispositions des deux § précédens me sont suggérées par ma propre expérience et par le spectacle que j'ai en ce moment sous les yeux, dans la maison royale de Charenton, où je me trouve emprisonné sous le prétexte d'aliénation mentale, et où je me console en écrivant ce projet de révision du Code civil.

Nota. J'en appelle à ceux qui liront cet ouvrage que j'ai fait en entier pendant ma détention arbitraire de quatre mois dans cette maison. MM. Esquirol, Calmeil et Bleynies, médecins de l'établissement, me voyaient tous les jours, et décidaient que j'avais perdu la raison.

ne peut rentrer dans l'exercice de ses droits qu'après le jugement définitif qui prononce la main-levée de l'interdiction.

§ III.

Du conseil judiciaire.

Il peut être défendu aux prodigues de plaider, transiger, emprunter, recevoir un capital mobilier et en donner décharge, aliéner ni grever leurs biens d'hypothèques, sans l'assistance et l'autorisation d'un conseil composé d'une ou plusieurs personnes, qui leur est nommé par le juge.

Lorsque le tribunal ne juge pas à propos de prononcer l'interdiction demandée contre un majeur, il peut néanmoins nommer, par le jugement qui rejette l'interdiction, un conseil sans l'assistance duquel ce majeur ne pourra faire aucuns actes désignés par ce jugement.

La nomination d'un conseil judiciaire aux prodigues peut être provoquée par tous ceux qui ont droit de provoquer l'interdiction ; et la demande est jugée, dans ce cas, de la même manière que la demande en interdiction.

La nomination d'un conseil judiciaire peut être rétractée en suivant les mêmes formes que celles qui sont prescrites pour parvenir à cette nomination.

CHAPITRE IV.

DE L'ABSENCE.

§ I.

De la présomption d'absence.

Lorsqu'une personne est absente de son domicile, qu'on n'a point de ses nouvelles, et qu'on peut présumer que cette absence ne soit pas volontaire, les biens de cette personne peuvent être confiés à l'administration d'une autre personne, s'il y a nécessité, et si l'absent n'a point laissé à quelqu'un de procuration pour administrer les biens auxquels il convient de pourvoir.

Dans ce cas, le juge peut, sur la demande de toute partie

intéressée, ou à la diligence du ministère public, nommer une ou plusieurs personnes chargées de représenter, dans tout ce qui l'intéresse, la personne présumée absente involontairement (1).

En cas d'absence du père, la mère exerce tous les droits du père sur la personne et les biens des enfans issus d'eux.

Lorsque l'absence du père ou de la mère, si la mère ou le père sont décédés, laisse les enfans mineurs sans père ni mère, et que cette absence peut compromettre l'éducation ou les biens des enfans, il y a lieu à les pourvoir d'un tuteur provisoire qui est désigné ou nommé conformément à ce qui est dit au § III, section II , et § II, section III, chap. I du présent titre.

§ II.

De la déclaration d'absence.

Lorsqu'une personne est restée absente, sans nouvelles, pendant un temps assez long pour qu'il y ait lieu de penser, vu les circonstances, que son retour est devenu improbable, toute partie intéressée peut se pourvoir devant le juge à l'effet de faire déclarer définitivement l'absence (2).

(1) Cette disposition générale qui donne une latitude entière aux tribunaux me paraît préférable aux dispositions plus restrictives des articles 112 et 113 du Code civil.

(2) Le délai de quatre ans, fixé par le Code civil, au bout duquel seulement l'absence peut être déclarée, n'est pas fondé sur une parfaite appréciation des choses. Il y a des circonstances où l'absence doit pouvoir être déclarée plus tôt. Il vaut mieux laisser encore ici toute latitude aux juges. Il en est de même du délai d'un an qui doit nécessairement se trouver entre le jugement d'enquête et le jugement de déclaration d'absence; il faut laisser toute liberté aux juges à cet égard. La contradiction du ministère public, et l'intégrité résultant de l'organisation même du tribunal appelé à prononcer sur la déclaration d'absence, doit garantir suffisamment de toute fraude ou de toute précipitation imprudente. Il faut y ajouter les moyens de publicité préalables qui doivent précéder la déclaration d'absence.

Le ministère public, chargé spécialement de veiller aux intérêts des absens, est contradicteur né de toutes les demandes en déclaration d'absence.

Le jugement de déclaration d'absence doit être précédé de toutes les enquêtes que le tribunal juge convenable d'ordonner.

Il doit être nécessairement précédé d'une publication de la demande en déclaration d'absence, faite par les moyens de la plus grande publicité possible (1).

Si l'absent a laissé une procuration par lui donnée avant son départ ou ses dernières nouvelles, en vue de son absence ou de son éloignement, le tribunal doit être beaucoup plus reservé pour admettre la demande en déclaration d'absence.

Néanmoins le tribunal ne peut refuser la déclaration d'absence, en aucun cas, lorsque dix ans se sont écoulés depuis les dernières nouvelles de l'absent (2).

§ III.

De l'envoi en possession provisoire des biens de l'absent.

Lorsque l'absence a été déclarée définitivement, les héritiers présomptifs de l'absent, qui auraient eu droit de lui succèder au jour de sa disparition ou de ses dernières nouvelles, lequel jour doit être fixé par le tribunal, peuvent se faire envoyer par le juge en possession provisoire des biens de l'absent (3).

Dans ce cas, le testament de l'absent, s'il en existe, doit être ouvert à la réquisition des parties intéressées ou du ministère public ; et les légataires, donataires, et en général tous ceux qui ont, sur les biens de l'absent, des droits subordonnés à la

---

(1) C'est là tout ce que me paraît devoir contenir une disposition légale, laissant aux juges et à l'administration de la justice le soin de spécifier en particulier les moyens de publication.

(2) Telles sont les dispositions qui me paraissent devoir remplacer celles des art. 120, 121 et 122 du Code civil relatives au même objet, qui me semblent peu claires et peu rationnelles.

(3) Il faut, ce me semble, laisser aux juges à décider, selon les circonstances, si les envoyés en possession provisoire doivent ou non fournir caution ; c'est ce qui résulte du huitième alinéa du présent §.

condition de son décès, peuvent les exercer provisoirement, à la charge de donner caution.

Néanmoins l'époux commun en biens de l'absent peut opter pour la continuation de la communauté, et, dans ce cas, il doit conserver de préférence l'administration des biens de l'absent, et empêcher par là l'envoi en possession provisoire des héritiers présomptifs, légataires, donataires ou autres de l'absent.

La femme qui opte pour la continuation de la communauté, peut, dans ce cas cependant, y renoncer ensuite (1).

Ceux qui ont obtenu l'envoi en possession provisoire, et l'époux qui a opté pour la continuation de la communauté, doivent, avant d'entrer en jouissance des biens de l'absent, faire procéder préalablement à l'inventaire de son mobilier et de ses titres, contradictoirement avec le ministère public.

Le tribunal peut même ordonner de vendre tout ou partie du mobilier pour qu'il soit fait emploi du prix.

S'il y a des fruits échus, il en doit être également fait emploi.

Le tribunal peut, en général, imposer toutes les restrictions et conditions qu'il juge convenable à l'envoi en possession provisoire des biens de l'absent.

Si les envoyés en possession provisoire requièrent du tribunal, pour leur sûreté, des précautions, inventaires spéciaux, états de lieux et visites d'immeubles, jugés utiles, tous les frais en doivent être pris sur les biens de l'absent.

L'envoi en possession provisoire n'est qu'un dépôt qui rend ceux qui l'obtiennent comptables envers l'absent, lorsqu'il reparaît et leur redemande ses biens.

Les envoyés en possession ne peuvent vendre, donner, engager, hypothéquer, ni aliéner d'une manière quelconque les

____

(1) La femme qui demande la dissolution provisoire de la communauté pour exercer ses droits et reprises, est comprise dans la cathégorie de ceux qui ont sur les biens de l'absent des droits subordonnés à la condition de son décès; il n'y a pas besoin d'une disposition spéciale pour elle.

biens, meubles ou immeubles de l'absent; ils n'en ont que la jouissance et l'administration.

Après la déclaration d'absence, nul ne peut poursuivre les droits qu'il peut avoir à exercer contre l'absent, si ce n'est contre les envoyés en possession provisoire de ses biens, ou l'époux qui a opté pour la continuation de la communauté.

Si l'absent reparaît, ou si son existence est prouvée, tous les effets de la déclaration d'absence et de l'envoi en possession provisoire cessent de plein droit, sans préjudice, s'il y a lieu, des mesures conservatoires dont il est parlé au § précédent.

Lorsque l'absent reparaît et redemande ses biens, les envoyés en possession provisoire ne sont tenus de lui rendre, avec le fonds, que le cinquième des revenus échus depuis l'envoi en possession, s'il reparaît avant cinq ans depuis cet envoi en possession; et le dixième seulement, s'il ne reparaît qu'après ce laps de temps (1).

Ce cinquième et ce dixième se prescrivent par cinq ans à compter de l'échéance des revenus.

Après trente ans d'envoi en possession provisoire, la totalité des revenus appartient aux envoyés en possession, sans restitution aucune.

Si le décès de l'absent est prouvé après l'envoi en possession provisoire, sa succession est ouverte du jour de ce décès prouvé, et ses héritiers, au jour de ce décès, ont droit au partage des biens, sans égard à l'envoi en possession provisoire, au sujet duquel ils héritent de tous les droits de l'absent contre les envoyés en possession (2).

(1) Cette disposition est plus précise et plus rationnelle que celle de l'art. 127 du Code civil; on ne peut compter le temps, dans ce cas, que depuis l'envoi en possession. Quant à la prescription de cinq ans dont il est question dans l'alinéa suivant, elle me paraît juste pour ne pas charger les envoyés en possession d'une accumulation de dettes de revenus, genre d'accumulation contre lequel la prescription de cinq ans a été établie en général.

(2) Il n'y a point lieu ici, comme le dit l'art. 129 du Code civil, à faire prononcer l'envoi en possession définitive.

§ IV.

De l'envoi en possession définitive.

Lorsque l'absence a continué pendant trente ans après l'envoi en possession provisoire, les ayans-droit peuvent faire prononcer par le juge l'envoi en possession définitive.

Il en est de même lorsqu'il s'est écoulé cent ans révolus depuis la naissance de l'absent.

Si l'époux commun en biens a opté pour la continuation de la communauté, les héritiers présomptifs de l'absent au jour de sa disparition ou de ses dernières nouvelles peuvent, après trente ans écoulés depuis la déclaration définitive d'absence, demander l'envoi en possession définitive des biens de l'absent, auquel cas chacun d'eux exerce les droits qu'il aurait eus sur la succession de l'absent au jour de sa disparition ou de ses dernières nouvelles.

Dans ce cas, les envoyés en possession définitive sont tenus seulement de faire faire inventaire contradictoirement avec le ministère public.

L'époux de l'absent, qui a conservé l'administration de la communauté, ne doit compte que des revenus non dépensés au jour de la dissolution de la communauté, résultant de l'envoi en possession définitive, de la renonciation à la communauté après la déclaration d'absence, ou de toute autre cause (1).

L'absent qui reparaît, ou dont l'existence est prouvée, après l'envoi en possession définitive, ne recouvre ses biens que dans l'état où ils se trouvent, et s'ils n'ont point été aliénés par les envoyés en possession.

Si le prix des biens aliénés est encore dû, l'absent a droit à ce prix, à moins qu'il n'ait été aliéné par les envoyés en possession. L'absent a droit à ce qui peut rester dû.

-----

(1) **Les** dispositions des **deux** précédens alinéas manquent dans le Code civil et sont nécessaires.

S'il est prouvé par l'absent que ce prix a été employé à l'achat de meubles ou d'immeubles encore possédés par les envoyés en possession ou leurs héritiers, l'absent a le droit de les reprendre en nature dans l'état où ils se trouvent.

Les enfans et descendans de l'absent qui, par un motif quelconque, n'ont pas été mis en possession de ses biens, peuvent pendant trente ans, à compter de l'envoi définitif, demander la restitution des biens de leur auteur, comme il est dit aux trois alinéas précédens.

§ V.

De quelques droits spéciaux relatifs aux absens.

La vie et la mort d'un absent restent dans l'incertitude jusqu'à la preuve de l'une ou de l'autre, laquelle preuve doit être fournie par celui qui prétend à un droit dont l'existence est subordonnée à la condition de la vie ou de la mort de l'absent sauf ce qui a été réglé spécialement par les lois et comme il a été dit ci-dessus.

S'il s'ouvre une succession à laquelle serait appelé l'absent, s'il était prouvé qu'il fût vivant à l'époque où elle s'est ouverte, mais sans qu'il soit prouvé qu'il vécût réellement alors, cette succession passe exclusivement à ses cohéritiers ou à ceux qui seraient appelés à cette succession par droit de représentation de l'absent, s'il était mort, tels que ses enfans et descendans (1).

Dans ce cas, ceux auxquels est dévolue la part de l'absent, ne sont point tenus de lui restituer les fruits par eux perçus de bonne foi, s'il se représente, mais seulement le fonds et les capitaux.

L'époux dont le conjoint est absent, peut se remarier sur la représentation du jugement qui déclare définitivement l'ab-

____

(1) L'art. 137 du Code civil ne dit rien ou ne fait que répéter ce qui a été dit ailleurs.

sence, et, dans ce cas, le conjoint qui reparaît ne peut attaquer le nouveau mariage (1).

Si l'époux d'un absent s'est remarié, même avant la déclaration d'absence, le conjoint absent est seul recevable à attaquer ce mariage par lui-même ou par son fondé de pouvoir
spécial, muni de la preuve de son existence.

TITRE IV.

DU MARIAGE, DU DIVORCE, ET DE LA SÉPARATION DE CORPS.

CHAPITRE PREMIER.

DU MARIAGE.

§ I.

Des conditions nécessaires pour contracter mariage.

L'homme ne peut contracter mariage avant l'âge de dix-huit
ans accomplis, la femme avant l'âge de quinze ans accomplis.

Néanmoins le chef de l'État peut accorder des dispenses
d'âge pour des causes graves.

Le magistrat de l'état civil qui procède sciemment au mariage d'une personne qui n'a pas l'âge, est passible d'emprisonnement et d'amende (2).

L'homme ni la femme engagés dans les liens d'un mariage
légitime, ne peuvent contracter un autre mariage sans se rendre coupables du crime de polygamie, sous les peines de droit

______

(1) Cette disposition, toute nouvelle dans notre législation, me parait devoir être admise du moment qu'on aura admis le divorce. Il n'est pas de
cause plus légitime de divorce que l'abandon d'un époux par l'autre ; et
il n'y a pas à craindre, ce me semble, que la justice entourée des moyens
de publicité voulus par la déclaration d'absence, ne se prête à une fraude.
On pourrait ajouter d'ailleurs que le nouveau mariage ne pourrait avoir
lieu qu'avec l'autorisation du tribunal.

(2) Cette disposition manque dans le Code pénal et est indispensable.

tant contre l'époux coupable que contre le magistrat de l'état civil qui s'est prêté sciemment à la fraude.

Le mariage est prohibé entre les ascendans et les descendans légitimes ou naturels, même incestueux ou adultérins.

Le lien de parenté existe sous ce rapport entre les ascendans des père et mère des enfans naturels, même incestueux ou adultérins, et ces enfans (1).

Le mariage est également prohibé entre le beau-père et la bru, la belle-mère et le gendre, ou les ascendans du beau-père ou de la belle-mère, et la bru ou le gendre.

Le mariage est prohibé entre le frère et la sœur légitimes ou naturels, même incestueux ou adultérins; le lien de parenté existe à cet égard entre les enfans légitimes des père et mère des enfans naturels, même incestueux ou adultérins, et ces enfans, de même qu'entre ces enfans naturels et incestueux ou adultérins des mêmes père et mère.

Le magistrat de l'état civil qui procède sciemment au mariage de personnes parentes au degré prohibé, est passible d'emprisonnement et d'amende (2).

Le mariage est prohibé entre l'adoptant ou son conjoint et l'adopté ou ses descendans, entre les frères et sœurs adoptifs, et entre les beaux-frères et belles-sœurs légitimes, adoptifs ou naturels, même incestueux ou adultérins (3).

Le mariage est également prohibé entre l'oncle et la nièce, la tante et le neveu, le grand-oncle et la petite-nièce, la grande-tante et le petit-neveu, ou même les arrière-nièces et arrière-neveux.

Néanmoins le chef de l'État peut lever les prohibitions portées aux deux alinéas précédens.

(1) Cette disposition manque encore dans le Code civil et n'est pas moins nécessaire.

(2) Cette disposition manque et doit exister dans le Code pénal.

(3) La prohibition doit pouvoir être levée pour le cas d'adoption comme pour le cas des beaux-frères et belles-sœurs. C'est ce qui n'existe pas dans le Code civil.

Le magistrat de l'état civil coupable d'avoir procédé sciemment au mariage prohibé dans le cas des deux avant-derniers alinéas sans la permission du chef de l'État, est aussi passible d'emprisonnement et d'amende.

Le consentement libre, et non fondé sur une erreur de personne, de chacun des deux époux, est nécessaire pour la validité du mariage.

§ II.

Du consentement des père et mère pour mariage.

Le fils qui n'a pas atteint l'âge de vingt-cinq ans accomplis ne peut se marier sans le consentement de son père, et, si son père est mort, privé de ses droits civils, ou absent, de sa mère.

En cas d'absence de l'ascendant dont le consentement est nécessaire, cette absence peut résulter, soit du jugement qui déclare l'absence, soit d'un acte de notoriété dressé sur l'attestation de quatre témoins, et homologué par le tribunal, qui doit déclarer, dans ce cas, s'il y a lieu de passer outre au mariage.

La fille qui n'a pas atteint l'âge de vingt-un ans accomplis ne peut se marier sans le même consentement.

Avant leur départ pour un voyage, le père ou la mère peuvent donner procuration à quelqu'un de consentir, le cas échéant, au mariage de leurs enfans.

En cas de non existence, privation de droits civils, ou absence de leurs père et mère, les mineurs ne peuvent se marier sans le consentement du conseil de famille (1).

---

(1) Ces dispositions me paraissent préférables à celles des art. 150, 159 et 160 du Code civil. Les grands-pères qui ne sont tuteurs légaux de leurs petits-enfans qu'à défaut d'un tuteur nommé légalement par les père ou mère, ne doivent pas avoir plus de droits sur la personne de leurs petits-enfans que n'en aurait le tuteur, préféré à eux, nommé par le père ou la mère. Je ne laisse subsister que la nécessité des sommations respectueuses à leur égard.

L'objection tirée de ce qu'en se mariant le petit-fils charge sa famille

Les interdits ne peuvent se marier sans le consentement du conseil de famille (1).

En cas de refus du consentement au mariage d'un interdit par le conseil de famille, le futur époux de l'interdit peut s'adresser aux tribunaux pour faire autoriser le mariage et toutes les conditions civiles et intéressées du mariage (2).

Depuis l'âge de vingt-cinq ans pour les fils et de vingt-un ans pour les filles jusqu'à l'âge de trente ans accomplis (3), les enfans qui n'ont pas le consentement de leurs père et mère pour se marier, et, en cas de mort, interdiction ou absence de leurs père et mère, le consentement de leurs aïeuls ou aïeules, doivent, avant de contracter le mariage, solliciter ce consentement, par trois sommations respectueuses, répétées à un mois d'intervalle l'une de l'autre : et, à défaut du consentement de-

de membres nouveaux, auxquels le grand-père sera obligé de fournir des alimens, s'ils tombent un jour dans le besoin, est grave sans doute, mais ne me paraît pas suffisante pour me faire changer d'opinion. Quand un père, une mère consentent, par exemple, à un mariage désapprouvé par un aïeul, une aïeule, ceux-ci n'en doivent pas moins des alimens aux membres nouveaux entrés malgré eux dans leur famille.

(1) Cette disposition, qui manque dans le Code civil, me paraît nécessaire pour éviter au besoin une collusion du tuteur, dont le seul consentement ne me paraît pas devoir suffire ici non plus que dans le cas de simple minorité.

(2) Les dispositions de cet alinéa me paraissent indispensables pour éviter le refus injuste et peut-être intéressé soit du tuteur, soit du conseil de famille; les tribunaux doivent pouvoir, dans ce cas, autoriser un mariage qui paraît être dans l'intérêt de l'interdit.

(3) Je fixe à trente ans, pour les filles comme pour les fils, l'âge au-dessous duquel on est tenu aux trois sommations respectueuses; il n'y a aucune raison plausible, ce me semble, de ne pas les exiger des filles jusqu'à l'âge où on croit utile de les exiger des fils. Il ne s'agit plus ici de mettre un frein impossible à rompre à la volonté d'une femme de prendre l'époux qu'elle aime, mais seulement de lui imposer des conditions de formes et de délais qui peuvent lui donner le temps et le moyen de réfléchir plus mûrement à un mariage qui déplaît à sa famille.

mandé, le mariage peut être contracté un mois après la dernière sommation.

Ces sommations sont faites par deux notaires ou par un notaire assisté de deux témoins; et il doit être fait mention de la réponse dans le procès-verbal.

Après l'âge de trente ans , il peut être, à défaut de consentement, passé outre à la célébratiou du mariage un mois après la première sommation respectueuse.

Les dispositions contenues aux alinéas précédens sont applicables aux enfans naturels , même incestueux ou adultérins, dont les père ou mère sont légalement reconnus.

Le magistrat de l'état civil qui procède à un mariage où le consentement des père , mère ou conseil de famille est exigé par la loi, sans que ce consentement existe, est passible d'emprisonnement et d'amende.

Il en est de même du cas où le magistrat de l'état civil procède à un mariage avant la célébration duquel la loi exige que des sommations respectueuses soient faites, sans qu'elles aient été faites régulièrement.

§ III.

Des publications de mariage.

Avant la célébration du mariage , le magistrat de l'état civil doit faire deux publications du mariage projeté , à huit jours d'intervalle, et le mariage ne peut être célébré avant le troisième jour, depuis et non compris celui de la seconde publication.

Néanmoins il est loisible au chef de l'Etat et aux officiers qu'il prépose à cet effet de dispenser de la seconde publication.

Si le mariage n'a pas été célébré dans l'année à partir de l'expiration du délai après lequel il peut l'être après les publications, il ne peut plus être célébré qu'après de nouvelles publications faites dans les mêmes formes que celles qui ont dû l'être la première fois.

La publication de mariage consiste dans un acte dressé par

le magistrat, qui doit être affiché à la porte de l'hôtel-de-ville et y rester jusqu'au jour de la célébration du mariage.

L'acte affiché doit énoncer les noms, prénoms, demeure et profession des futurs époux, leur âge, les noms, prénoms, demeure et profession de leurs père et mère.

Le magistrat de l'état civil doit en outre dresser acte de cette publication, contenant les mêmes indications, et indiquant, en outre, les an, jour, heure et lieu où la publication a été faite.

Cet acte doit être inscrit par le magistrat et signé de lui sur un registre tenu à cet effet, et auquel s'applique tout ce qui a été dit au § II, chap. III, titre I, sur les actes de l'état civil, excepté que ce registre ne doit pas être tenu double.

Les publications doivent être faites, et l'affiche apposée, le jour religieux en usage dans la commune où elles sont faites, le matin avant l'office divin ordinaire (1).

Le défaut d'observation des dispositions contenues aux alinéas précédens du présent §, est puni d'amende contre le magistrat de l'état civil qui s'en rend coupable par négligence ou omission (2).

Les publications doivent être faites au lieu où chacun des deux futurs époux a son domicile.

Si le domicile actuel des futurs époux, ou de l'un d'eux, n'est établi que depuis six mois dans le lieu où ils ont actuellement leur résidence, les publications doivent être faites, en outre, au lieu du domicile précédent.

---

(1) La précision de l'heure dans la loi me paraît nécessaire.

(2) Il est impossible de conserver l'amende arbitraire contre les parties voulue par l'art. 192 du Code civil. D'abord, l'arbitraire indéfini dans le montant des amendes est une monstruosité dans notre législation ; ensuite il me paraît qu'ici, comme dans tous les cas où il ne s'agit que de formes, le magistrat doit seul être passible de l'amende. En général, les seules peines à prononcer contre les parties pour les vices de la célébration du mariage, doivent être la nullité de ce mariage, si ces vices sont assez graves pour cela, sauf le cas de polygamie, qui est d'un tout autre ordre.

Si les futurs époux ou l'un d'eux ne peuvent se marier sans le consentement de leurs père, mère ou tuteur, les publications doivent être faites en outre au domicile de ces père, mère ou tuteur.

Avant la publication, le magistrat de l'état civil doit se faire remettre par chacun des futurs époux leur acte de naissance.

Celui des futurs époux qui serait dans l'impossibilité de le représenter doit y suppléer par un acte de notoriété.

Cet acte de notoriété doit être dressé par le magistrat que la loi désigne (1), sur la déclaration de sept témoins, et homologué par le tribunal.

Cet acte doit, autant que possible, contenir toutes les énonciations et indications qui résulteraient de la représentation, même de l'acte de naissance.

§ IV.

Des célébrations de mariage.

Le mariage doit être célébré par le magistrat de l'état civil du lieu où l'un des deux époux a son domicile.

Ce domicile, quant au mariage, s'établit par six mois d'habitation continue dans la même commune.

Le jour de la célébration est désigné au magistrat par les parties.

La célébration du mariage consiste dans la solennité où le magistrat de l'état civil reçoit le consentement des époux, et en présence de témoins.

______

(1) On ne peut pas exiger que ce magistrat soit toujours celui du lieu de la naissance ou du domicile du futur époux, comme le veut l'art. 70 du Code civil, attendu qu'il est possible que les témoins à entendre demeurent tous ou en majeure partie dans un autre lieu ; il faut laisser toute latitude au magistrat à cet égard.

La célébration du mariage doit être faite dans l'hôtel-de-ville, et publiquement.

Au jour indiqué, les deux futurs époux doivent se présenter en personne devant le magistrat, et lui déclarer, l'un après l'autre, qu'ils veulent se prendre pour mari et femme (1).

Cette déclaration doit être faite en présence de quatre témoins.

Immédiatement après cette déclaration, le magistrat doit prononcer en présence des mêmes témoins, et publiquement, dans le même lieu, que les époux présens sont, au nom de la loi, unis par le mariage.

Le magistrat doit dresser au même instant un acte de la célébration du mariage.

Si le consentement des père, mère ou tuteur des époux ou de l'un d'eux était nécessaire pour la validité du mariage, le magistrat de l'état civil doit, au préalable, se faire donner la preuve de ce consentement.

Si des sommations respectueuses ont été nécessaires, il doit s'en faire, au préalable, représenter les originaux.

Il doit également, et préalablement, se faire fournir la preuve que les publications qui ont dû être faites, l'ont été exactement.

L'acte de la célébration du mariage doit énoncer :

1°. La date des an, jour et heure, ainsi que le lieu de la célébration, et les qualités du magistrat qui y a procédé;

2°. Les noms, prénoms, domicile et profession des contractans;

3°. Leur âge;

4°. Les noms, prénoms, domicile et profession des père et mère des époux, si cela est possible;

____

(1) Je supprime l'obligation de lire les pièces et les articles de la loi relatifs aux droits et devoirs respectifs des époux, imposée au magistrat de l'état civil par l'art. 75 du Code civil. Cette obligation à laquelle le Code n'attache aucune peine, est même déjà tombée généralement en désuétude.

5°. La déclaration que le consentement des père, mère, ou tuteur, a été donné, si ce consentement est nécessaire ; ou que les sommations respectueuses ont été faites, si elles ont dû l'être ;

6°. La déclaration que les publications exigées par la loi ont été faites, les lieux où elles l'ont été, ainsi que la date à laquelle elles ont été faites ;

7°. La déclaration qu'il n'y a point eu d'opposition au mariage, ou que main-levée en a été donnée ou ordonnée, s'il y en a eu ;

8°. La déclaration que les époux ont exprimé leur consentement mutuel à se prendre pour époux et femme, et que le magistrat a solennellement prononcé leur union, en présence des quatre témoins, et publiquement ;

9°. Enfin les noms, prénoms, domicile et profession des quatre témoins, avec l'indication de leur degré de parenté ou d'alliance, dans telle ou telle ligne, avec les parties, ou de leurs relations d'amitié ou de voisinage, s'ils ne sont parens ni alliés.

Toute contravention aux dispositions du présent § est punie d'amende contre le magistrat qui s'en rend coupable par omission ou négligence (1).

La preuve du mariage ne peut résulter que de la représentation de l'acte de célébration.

Le défaut de représentation de l'acte de célébration du mariage ne peut être suppléé par la possession d'état de mari et femme légitime.

Néanmoins, lorsque la célébration a eu effectivement lieu,

______

(1) Il ne me paraît point que la nullité du mariage doive résulter, comme le veut l'art. 191 du Code civil, du défaut de célébration du mariage par le magistrat compétent, ou du vice d'une célébration faite non publiquement. Le sort des époux ne doit pas, selon moi, dépendre d'un défaut de forme qui peut avoir lieu sans fraude de leur part. Les autres moyens de nullité, admis par la loi, sont suffisans pour assurer les graves intérêts des familles et des mœurs publiques.

mais que l'acte n'en peut être représenté par un fait de force majeure, ou si le magistrat de l'état civil n'avait pas inscrit l'acte sur les registres, la preuve de la célébration du mariage peut se faire par tous les moyens de preuve possibles.

Le défaut de représentation de l'acte de célébration ne peut nuire aux enfans issus de deux individus qui ont vécu publiquement comme mari et femme légitimes ; dans ce cas, la possession d'état d'enfans légitimes de tels père et mère suffit pour établir la légitimité des enfans (1).

Le mariage contracté en pays étranger entre Français ou entre Français et étrangers, est valable, s'il a été contracté dans les formes et suivant les usages observés dans ce pays, de bonne foi, et non pour se soustraire aux formes, obligations et conditions exigées par les lois françaises (2).

§ V.

Des oppositions au mariage.

Toute personne qui se prétend engagée par les liens d'un mariage précédent avec l'un des deux futurs époux, peut former opposition au mariage avant sa célébration.

Le père, et, à défaut du père, la mère, peuvent former opposition au mariage de leurs enfans, encore que ceux-ci aient l'âge requis pour pouvoir se marier sans leur consentement.

A défaut des père et mère décédés, ou incapables de manifester leur volonté, tout héritier présomptif de l'un des futurs

(1) La disposition de l'art. 196 du Code civil me paraît n'avoir aucun objet, et les dispositions des art. 199 et 200 du même Code me paraissent rentrer dans les principes généraux du droit criminel sur la poursuite des délits.

(2) Cette disposition générale, qui laisse une latitude entière aux juges, pour apprécier la bonne foi et repousser la fraude, me paraît devoir remplacer les dispositions incomplètes et restrictives des art. 170 et 171 du Code civil. C'est ici qu'il faut laisser le germe aux procès, de peur de produire un plus grand mal, en voulant les prévenir par des dispositions d'une rigueur trop excessive.

époux peut former opposition au mariage, en se fondant sur le motif que le futur époux, dont il est l'héritier présomptif, est dans un état mental qui doit entraîner son interdiction (1).

Dans ce cas, le tribunal doit ordonner, en recevant l'opposition, si elle paraît fondée, que l'opposant sera tenu de faire prononcer l'interdiction dans un délai qui doit être fixé par le jugement.

Si l'opposition est rejetée, l'opposant peut être condamné aux dommages-intérêts, excepté le père ou la mère.

L'opposition doit être signifiée au magistrat de l'état civil du lieu, ou de l'un des lieux où les publications sont faites, et à chacun des deux futurs époux.

Elle doit être signée sur l'original, et les copies, par les opposans ou leur fondé de procuration spéciale et authentique.

Elle doit contenir en outre élection de domicile pour l'opposant, au lieu où le mariage paraît devoir être célébré, et, si l'opposition est formée par tout autre que les père ou mère, l'indication sommaire des motifs de l'opposition (2).

Le magistrat de l'état civil qui reçoit une opposition doit la mentionner à l'instant sur le registre des publications.

Il ne peut passer outre à la célébration du mariage avant que main-levée des oppositions n'ait été donnée par acte authentique, ou ordonnée par justice, sous peine d'amende et de dommages-intérêts.

Lorsque la main-levée des oppositions lui est rapportée, il

(1) Ce changement des dispositions des art. 173, 174 et 175 du Code civil, est une conséquence des changemens que j'ai adoptés précédemment.

Les héritiers présomptifs ont, à empêcher le mariage dans le cas dont il s'agit, un intérêt suffisant pour que la loi les autorise à agir.

(2) Je n'attache point la peine de nullité, comme le fait l'art. 176 du Code civil, à l'inobservation de ces conditions. Le magistrat de l'état civil ne doit jamais être juge de la validité d'une opposition même nulle dans la forme ou le fond, et c'est aux tribunaux ensuite à prononcer dans ce cas non sur la forme, qui ne doit être pour rien ici, mais sur le fond.

doit aussitôt en faire mention en marge de la mention de ces oppositions qui a dû être faite sur le registre des publications.

Si les publications ont été faites dans plusieurs communes, le magistrat de l'état civil ne doit pas procéder à la célébration du mariage, sans se faire préalablement rapporter, par les parties, un certificat délivré par le magistrat de l'état civil des lieux où ces publications ont été faites, constatant qu'il n'existe point d'opposition, et ce, à peine d'amende et de dommages-intérêts (1).

§ VI.

Des nullités de mariage.

La nullité du mariage, dans le cas où il a été contracté par les époux ou l'un d'eux avant l'âge requis, peut être demandée par celui des époux qui n'avait pas cet âge.

Elle ne peut être demandée par celui des deux époux qui avait l'âge requis.

La nullité du mariage contracté avant l'âge requis doit être demandée par le ministère public, mais dans l'intérêt de la loi seulement, et sans qu'aucune partie puisse se prévaloir, dans son intérêt privé, de la nullité prononcée sur la demande du ministère public (2).

Cette nullité peut être demandée par les héritiers de l'époux qui n'avait pas l'âge, mais seulement après la mort de cet époux (3).

(1) Cette peine, que l'art. 66 du Code omet de prononcer, doit être portée par la loi.

(2) L'art. 190 du Code civil dit que le ministère public peut faire condamner les époux à se séparer ; mais cette condamnation n'est pas conforme à l'esprit de nos lois ; le ministère public ne peut que requérir la condamnation aux peines portées par les lois criminelles ou de police, s'il y a lieu, et seulement agir dans l'intérêt de la loi, mais non d'aucunes parties privées.

(3) Cette disposition, exprimée en d'autres termes que l'art. 187 du Code civil, se réduit au même sens, mais est plus précise, ce me semble.

Elle peut être aussi demandée par les héritiers de l'époux ayant l'âge requis, dont le conjoint n'avait pas cet âge au moment de la célébration du mariage, mais seulement aussi après la mort de cet époux qui avait l'âge, et lorsque, sa succession étant ouverte, il y a ouverture, au profit de ces héritiers, à des droits qu'ils eussent recueillis si le mariage n'avait pas eu lieu (1).

Néanmoins le père ou la mère qui ont donné leur consentement au mariage, ne peuvent en aucun cas en demander la nullité.

Personne, ni les époux eux-mêmes, ne peuvent demander la nullité du mariage :

1°. Lorsqu'il s'est écoulé six mois depuis que l'époux ou les époux, qui n'avaient pas l'âge, ont atteint l'âge requis.

2°. Lorsque la femme, qui n'avait pas l'âge, a conçu dans les six mois qui ont suivi la célébration du mariage.

La personne qui se prétend mariée à une personne mariée postérieurement à une autre, peut demander la nullité du dernier mariage.

Dans ce cas, la validité du premier mariage, si elle est contestée, doit être préalablement jugée.

La nullité du mariage contracté au degré de parenté ou alliance prohibé, peut être demandée par chacun des deux époux.

Elle doit être demandée par le ministère public, mais dans l'intérêt de la loi seulement.

Cette nullité peut être demandée par les héritiers de chacun

_____

(1) Si l'ascendant, sans le consentement duquel le mariage ne pouvait pas être valable, n'a pas donné son consentement au mariage contracté avant l'âge, c'est comme n'ayant pas donné ce consentement qu'il doit pouvoir attaquer le mariage du vivant des époux, et non sous le rapport de la nullité fondée sur le défaut d'âge requis. Sous ce rapport l'ascendant ne peut avoir plus de droits que tout autre. C'est ce qui motive la différence qu'on trouvera entre la disposition des deux derniers alinéas, et celle de l'art. 187 du Code civil.

des deux époux, mais seulement après la mort de ces époux ou de l'époux à la succession duquel ces héritiers sont appelés.

La nullité du mariage contracté sans le consentement libre des deux époux, ou de l'un d'eux, ne peut être demandée que par les époux, ou par celui des deux dont le consentement n'a pas été libre.

Lorsqu'il y a eu erreur dans la personne, la nullité du mariage ne peut être demandée que par celui des deux époux qui a été induit en erreur.

Dans le cas de défaut de consentement libre des époux, ou d'erreur dans la personne, la demande en nullité n'est plus recevable lorsqu'il y a eu cohabitation des époux continuée pendant six mois depuis que les époux ou l'époux ont acquis leur pleine liberté, ou que l'erreur a été par eux reconnue.

La nullité du mariage, pour la validité duquel le consentement des père, mère ou tuteur était nécessaire, ne peut être demandée que par ceux dont le consentement était nécessaire, ou par celui des deux époux qui avait besoin de ce consentement.

Dans le cas de l'alinéa précédent, la nullité ne peut être demandée ni par les époux, ni par ceux dont le consentement était nécessaire, lorsque le mariage a été approuvé expressément ou tacitement par ceux dont le consentement était nécessaire.

La nullité, dans le même cas, ne peut être demandée, lorsqu'il s'est écoulé une année sans réclamation de la part de ceux dont le consentement était nécessaire, depuis qu'ils ont eu connaissance du mariage.

La nullité, dans le même cas, ne peut être non plus demandée par l'époux qui avait besoin du consentement exigé, lorsqu'il s'est écoulé une année sans réclamation de sa part, depuis qu'il a atteint l'âge après lequel il pouvait consentir par lui-même au mariage.

Le mariage déclaré nul produit néanmoins ses effets civils tant à l'égard des époux qu'à l'égard des enfans, lorsqu'il a été contracté de bonne foi.

Si la bonne foi n'a existé que de la part d'un des époux, le mariage produit seulement ses effets civils à l'égard de cet époux et des enfans issus du mariage.

§ VII.

Des devoirs respectifs des époux.

Les époux se doivent mutuellemens fidélité, secours et assistance.

Le mari doit amour et protection à sa femme, la femme, amour et obéissance à son mari.

Le mari et la femme se doivent mutuellement des alimens, selon les facultés et l'état de chacun.

Le mari doit habiter avec sa femme, la femme doit habiter avec son mari, et le suivre partout où il plaît à ce dernier de résider.

Faute par le mari de recevoir sa femme, celle-ci peut l'y contraindre en se faisant envoyer en possession des biens du mari, pour les administrer seule, sous les conditions fixées par le tribunal.

Faute par la femme de venir habiter avec son mari, celui-ci peut l'y contraindre par la saisie de tous les revenus propres à la femme, et même par appréhension au corps.

En cas de persistance de la femme à refuser d'habiter avec son mari, elle peut être condamnée à la détention dans une maison de correction, pendant un temps qui est fixé par le tribunal, et que le mari est toujours le maître d'abréger à sa volonté (1).

§ VIII.

De l'état de la femme pendant le mariage.

La femme, même non commune ou séparée de biens, ne peut

____

(1) Le *maximum* de ce temps doit être fixé par les lois pénales.

s'obliger, vendre, donner, aliéner ni acquérir à titre gratuit ou onéreux, sans l'autorisation de son mari, malgré toutes stipulations contraires au contrat de mariage, sauf ce qui est établi pour la femme séparée de biens.

Elle ne peut non plus ester en jugement sans cette autorisation, si ce n'est en matière criminelle ou de police.

Si le mari refuse l'autorisation, ou se trouve dans l'impossibilité de la donner, par minorité, interdiction, absence, ou autrement, la femme peut se faire autoriser par la justice.

La femme mariée est assimilée au mineur pour tous les engagemens pris par elle sans autorisation de son mari ou de la justice, lorsque cette autorisation est nécessaire.

La femme autorisée par son mari ou par la justice à faire le commerce, peut s'obliger, acquérir et disposer de ses biens, comme toute personne libre et maîtresse de ses droits, pour tous les actes relatifs à ce commerce.

Elle oblige même, dans ce cas, son mari, lorsque c'est lui qui a donné l'autorisation, s'il y a communauté entre eux.

Elle n'est pas réputée commerçante, lorsqu'elle ne fait que servir le commerce de son mari.

§ IX.

De la dissolution du mariage, et des nouveaux mariages.

Le mariage se dissout par la mort naturelle ou civile de l'un des époux, ou par le divorce.

La femme ne peut contracter un nouveau mariage qu'après dix mois révolus depuis la dissolution du mariage précédent.

Le magistrat de l'état civil qui, par fraude ou négligence, procède, avant ce terme, à la célébration du nouveau mariage, est passible d'amende.

CHAPITRE II.

DU DIVORCE.

Le divorce peut être prononcé entre les époux, lorsque la

vie commune est devenue insupportable à l'un d'eux, et qu'il y a lieu de craindre pour sa vie ou pour sa santé, si la communauté d'existence continue (1).

La demande en divorce doit être intentée, instruite et jugée dans la même forme que toute autre action civile (2).

La demeure provisoire de la femme, dont la vie ou la santé sont menacées par son mari, doit être fixée par le juge avant le jugement.

L'administration provisoire des enfans avant le jugement, et leur administration définitive après la prononciation du divorce, doivent être également déterminées par le juge.

Le mari ni la femme ne peuvent être en aucun cas privés de la liberté de voir leurs enfans au moins une fois par semaine, aux heures et de la manière indiquées par le juge, si ce n'est à titre de peine, pour mauvais conseils ou mauvais exemples donnés aux enfans dans la visite, et ce, pendant le temps fixé par le tribunal (3).

Les époux divorcés ne peuvent plus se remarier ensemble.

(1) Cette section contient des dispositions qui n'existent point dans nos lois ; c'est seulement un projet de loi sur le divorce, tel que je le conçois.

L'adultère, le consentement mutuel, une condamnation à toute autre peine que la mort civile, qui dissout de droit le mariage, ni même de simples sévices ou injures, fussent-ils graves, ne me paraissent point devoir autoriser le divorce ; il n'y a, selon moi, que le danger pour la vie ou pour la santé d'un époux qui puisse autoriser la justice à briser le lien sacré du mariage, lien qui doit cesser toutefois quand la vie ou la santé des personnes sont réellement compromises. Du reste, il faut s'abandonner à la sagesse des tribunaux, bien composés, pour reconnaître les cas de ce danger réel ; le législateur ne saurait les prévoir d'avance.

(2) Le principe du divorce admis, c'est une affaire à juger dans les mêmes formes que toute autre affaire civile ; que la preuve soit donnée aux juges, cela suffit : le divorce doit être prononcé. Il ne doit pas y avoir ici plus de formalités ni de fins de non recevoir que dans toute autre occasion.

(3) Le *maximum* de ce temps doit être fixé par les lois pénales.

L'époux contre lequel le divorce a été prononcé, doit être condamné à perdre tous les avantages que l'autre époux lui a faits, soit par le contrat de mariage, soit depuis, à moins que le tribunal ne juge convenable de les lui conserver en tout ou partie (1).

L'époux qui a obtenu le divorce doit conserver tous les avantages que l'autre époux lui a faits, soit par le contrat de mariage, soit depuis, à moins que le tribunal ne juge convenable de les lui faire perdre en tout ou en partie (2).

Le juge peut aussi déterminer certains avantages, non accordés par le contrat de mariage ou depuis, que l'un des époux devra faire à l'autre, et fixer ces avantages d'une manière définitive, ou sauf les décisions ultérieures (3).

Le divorce ne prive les enfans nés du mariage d'aucun des avantages qui leur sont assurés par les lois ou par les conventions matrimoniales de leurs père et mère; mais il n'y a d'ouverture à ces droits ou avantages que de la même manière et dans les mêmes cas où ils se seraient ouverts, si le divorce n'avait pas eu lieu.

CHAPITRE III.

DE LA SÉPARATION DE CORPS.

Chacun des deux époux peut demander la séparation de corps:

1°. Pour excès, sévices ou injures graves de la part de l'autre;

---

(1) C'est ici une disposition nouvelle qui me paraît utile pour laisser aux tribunaux la liberté de reconnaître si dans un cas, par exemple, celui où l'époux qui a obtenu le divorce, aurait de son côté de graves torts à se reprocher, il ne serait pas juste de conserver à l'époux contre lequel le divorce a été prononcé des droits quelconques sur les biens de l'autre. On peut encore s'en rapporter ici, sans danger, à la sagesse de tribunaux bien organisés.

(2) Observation analogue à la précédente.

(3) Observation analogue à la précédente,

2°. Pour cause d'adultère de la femme, si la demande est formée par le mari ;

3°. Pour cause d'adultère du mari, lorsqu'il a tenu sa concubine dans la maison commune, si la demande est formée par la femme ;

4°. Pour la condamnation de l'autre époux à une peine criminelle du premier ordre de gravité (1).

Les juges peuvent rejeter la demande en séparation de corps fondée sur excès, sévices, ou injures graves, lorsqu'il y a eu réconciliation entre les époux depuis les faits reprochés.

Si les faits se renouvellent après la réconciliation, l'époux demandeur peut faire valoir à l'appui de sa demande les faits antérieurs.

Les dispositions des second, troisième, quatrième et cinquième alinéas du chapitre précédent, sont communes à la séparation de corps.

Les effets civils de la séparation de corps sont réglés au titre des contrats de mariage.

____

(1) Cet ordre est à déterminer par les lois pénales.

LIVRE SECOND.

—

DES PROPRIÉTÉS ET DES CONVENTIONS EN GÉNÉRAL.

TITRE PREMIER.

DU DOMICILE, DE LA DISTINCTION DES BIENS EN MEUBLES ET IM-
MEUBLES, ET DU DROIT DE PROPRIÉTÉ.

CHAPITRE PREMIER.

DU DOMICILE.

Le domicile de toute personne est au lieu où elle demeure habituellement.

Lorsqu'une personne a deux ou plusieurs demeures habituelles dans des lieux différens, son domicile est au lieu où elle a son principal établissement.

Toute personne est libre de transporter son domicile d'un lieu dans un autre.

La translation du domicile s'opère par le fait de la translation réelle de la demeure habituelle ou du principal établissement d'une personne d'un lieu dans un autre, avec l'intention d'y fixer cette demeure habituelle ou ce principal établissement.

Celui qui ne veut laisser aucun doute sur la translation de son domicile d'un lieu dans un autre, peut en faire la déclaration tant à la municipalité du lieu qu'il quitte qu'à celle du lieu où il veut transférer son domicile.

La preuve de la demeure habituelle ou du principal établissement d'une personne dans un lieu désigné, peut se faire par tous les moyens de preuve possibles.

Le domicile de la femme mariée, non séparée de corps, est de droit celui de son mari.

Le mineur non émancipé a de droit son domicile chez ses père, mère ou tuteur qui ont l'aministration de sa personne.

L'interdit a de droit son domicile chez son tuteur.

Le fonctionnaire public ou magistrat nommé à des fonctions conférées à vie, a de droit son domicile au lieu où il exerce ces fonctions, du moment qu'il les a acceptées.

Le fonctionnaire public nommé à des fonctions révocables ou temporaires, n'a pas de droit son domicile au lieu où il exerce ses fonctions.

Les majeurs qui servent ou travaillent habituellement chez autrui, ont le même domicile que la personne qu'ils servent ou chez qui ils travaillent, lorsqu'ils demeurent avec elle dans la même maison (1).

Toute personne maîtresse de ses droits peut élire un domicile ailleurs que dans le lieu où elle a sa demeure habituelle ou son principal établissement, dans l'intention de se faire signifier à ce domicile élu certains actes, ou de se faire citer, s'il y a lieu, devant les tribunaux de ce domicile élu, de préférence au lieu de son domicile réel ou concurremment avec lui.

Les lois sur la procédure règlent les cas où le domicile élu doit ou peut être préféré au domicile réel pour la signification des actes ou la citation devant les tribunaux.

CHAPITRE II.

DE LA DISTINCTION DES BIENS EN MEUBLES ET IMMEUBLES.

Tous les biens sont meubles ou immeubles.

SECTION I.

DES IMMEUBLES.

Les biens sont immeubles ou par leur nature, ou par leur destination, ou par leur objet.

____

(1) L'art. 110 du Code civil n'est pas à la place qui lui convient.

§ I.

Des biens immeubles par leur nature.

Sont immeubles par leur nature, les biens qui ne sont pas susceptibles d'être transportés d'un lieu à un autre.

Tels sont les fonds de terre labourable, les champs, les prés, les bois et les carrières.

Sont aussi immeubles par leur nature, les bâtimens ou constructions faites pour demeurer toujours à la même place.

Telles sont les maisons; tels sont les moulins à vent ou à eau fixés à terre ou faisant partie d'un bâtiment fixé au sol, les hangars, les digues, les ponts.

Sont aussi immeubles par leur nature, les fruits, arbres et récoltes pendans par leurs racines, mais seulement tant qu'ils ne sont pas coupés ou détachés

§ II.

Des immeubles par destination.

Sont immeubles par destination, les objets que le propriétaire d'un immeuble par nature y a attachés pour le service ou l'exploitation de cet immeuble.

Tels sont les animaux attachés à la culture et les ustensiles aratoires, pailles et engrais des fermes ou métairies, les semences livrées par le propriétaire aux fermiers ou colons partiaires, les pigeons des colombiers, les ruches à miel, les poissons des étangs et les lapins des garennes;

Tels sont les pressoirs, chaudières, alambics, cuves, tonnes, et tous les ustensiles propres à l'exploitation des fabriques et usines auxquelles ces objets ou ustensiles ont été destinés et où ils ont été placés par le propriétaire.

Sont aussi immeubles par destination, tous biens meubles par leur nature que le propriétaire a attachés à un immeuble dans l'intention présumée de les y laisser à perpétuelle demeure.

Tels sont les objets que le propriétaire a fait sceller à mortier, à chaux, à plâtre, à ciment ou à mastic, à un immeuble; les objets qu'on ne peut détacher de l'immeuble sans les fracturer ou détériorer, ou sans briser ou détériorer la partie de l'immeuble à laquelle ils sont attachés; et les objets qui, pouvant être enlevés sans bris ni détérioration propre, priveraient néanmoins l'immeuble auquel ils sont attachés, d'une partie essentielle de son ensemble.

Telles sont les glaces d'une maison ou d'un appartement, lorsque le parquet auquel elles sont attachées fait corps avec la boiserie, ou lorsqu'elles ont été fixées par le propriétaire à une place primitivement destinée, lors de la construction du bâtiment, à les recevoir;

Tels sont, dans le même cas, les tableaux et autres ornemens;

Telles sont aussi les statues, lorsqu'elles ont été placées par le propriétaire dans les lieux ou coins primitivement destinés, lors de la construction, à les recevoir.

§ III.

Des immeubles par leur objet.

Sont immeubles par leur objet, les droits incorporels qu'on a sur des immeubles.

Tel est le droit de propriété sur un immeuble;

Le droit d'usufruit des biens immeubles;

Le droit de servitude foncière;

Le droit du créancier hypothécaire sur l'immeuble à lui hypothéqué.

SECTION II.

DES MEUBLES.

Les biens sont meubles par leur nature ou par leur objet.

§ I.

Des biens meubles par leur nature.

Sont meubles par leur nature, les corps qui peuvent se transporter d'un lieu à un autre, comme les animaux, ou qui sont destinés à un déplacement volontaire, comme une table, un navire, une somme d'argent.

§ II.

Des biens meubles par leur objet.

Sont meubles par leur objet les droits que l'on a sur des biens meubles .

Tel est le droit qu'on peut avoir d'exiger de quelqu'un une somme d'argent ;

Telles sont en général toute espèce de rentes ou de créances ;

Telles sont les actions que l'on peut avoir dans les sociétés de commerce ou autres (1).

CHAPITRE III.

DU DROIT DE PROPRIÉTÉ.

§ I.

Du droit de propriété et d'accession en général.

Le droit de propriété est celui de jouir et de disposer en toute liberté des biens qui nous appartiennent, sauf les restrictions apportées par la loi (2).

Le propriétaire d'un bien a droit à tout ce qui est produit par ce bien :

Tels sont les fruits naturels ou industriels de la terre, et le croît des animaux, qui sont ce qu'on appelle *fruits naturels;*

Tels sont les intérêts des sommes d'argent, les arrérages

---

(1) Ce que j'omets de rapporter ici et qui se trouve dans le chap. II, titre I, liv. II du Code civil, me paraît appartenir ou à une autre place, ou à des lois spéciales qui ne doivent pas entrer dans une loi générale, ou seulement à un dictionnaire de droit et à la jurisprudence, tel que le sens qu'on doit attacher aux mots *meubles meublans*, *maison meublée* et autres.

Le chapitre III tout entier me paraît appartenir ou au droit public, ou au titre suivant.

(2) La disposition de l'art. 545 du Code civil me paraît appartenir au droit public.

de rentes et les loyers ou fermages des maisons ou biens ruraux, qui sont ce qu'on appelle *fruits civils.*

La propriété du sol emporte la propriété du dessus et du
dessous.

Le propriétaire peut faire dessus toutes les constructions et
plantations qu'il juge à propos;

Il peut faire dessous toutes les constructions et fouilles qu'il
juge convenables, et tirer de ces fouilles tous les produits
qu'elles peuvent fournir.

Le tout sauf les exceptions et restrictions établies par la loi (1).

Toutes les constructions et plantations, tous les ouvrages de
main d'homme, et, en général, tous les objets existant sur un
terrain ou dans un immeuble, sont présumés appartenir au
propriétaire de cet immeuble, à moins que le contraire ne soit
prouvé.

Le droit du propriétaire d'un bien à tout ce qui est produit
par ce bien, s'appelle *droit d'accession.*

Le droit présumé du propriétaire d'un immeuble à tout ce
qui existe sur ou dans cet immeuble, est un résultat du *droit
d'accession.*

Les pigeons, poissons, lapins, bêtes fauves qui passent dans
un autre colombier, étang, garenne, bois ou autre propriété,
appartiennent, en vertu du droit d'accession, au propriétaire
de l'immeuble où ils ont passé, à moins qu'ils n'y aient été
attirés par fraude ou artifice.

Le propriétaire doit rembourser aux tiers tous les frais et dépenses qu'ils ont faits pour l'amélioration de sa chose.

Lorsqu'un tiers prouve que des ouvrages ou des objets quelconques existant sur ou dans un immeuble dont il n'a pas la
propriété, lui appartiennent, le propriétaire de cet immeuble
doit lui en rembourser la valeur ou laisser enlever ces ouvrages ou objets par celui auquel ils appartiennent, sauf les indemnités pour dommages qui peuvent être dues à celui qui est en

____

(1) Il faut se reporter, pour les restrictions apportées au droit de propriété, à diverses lois de droit public et autres que j'omets d'indiquer.

faute, et l'effet des conventions particulières ou ce qui peut être dicté par l'équité (1).

§ II.

Du droit d'alluvion.

Les atterrissemens et accroissemens qui se forment successivement et imperceptiblement aux terres riveraines d'un fleuve ou d'une rivière, appartiennent, par *droit d'alluvion*, aux propriétaires de ces terres riveraines (2).

Les parties de terrain que l'eau des fleuves ou des rivières abandonne successivement et imperceptiblement sur une de leurs rives pour se porter sur l'autre, appartiennent, en vertu du même *droit d'alluvion*, au propriétaire de la rive découverte, sans que le propriétaire de la rive opposée puisse y prétendre aucun droit pour le terrain qu'il a insensiblement perdu (3).

Il n'en est pas de même des étangs dans les cas de crues ou de décrues d'eau au-delà ou en-deçà des bornes de l'espace de terrain qui appartient au propriétaire de ces étangs; ce propriétaire, ainsi que les propriétaires des champs voisins, n'ont jamais droit qu'à l'étendue de terrain qui leur est attribuée par leur titre ou qu'ils peuvent avoir acquise par la prescription.

(1) C'est dans ces termes généraux et sans autre spécification particulière que me paraissent devoir êtres résumées les dispositions des art., 554 et 555 du Code civil. Il faut s'en rapporter pour le surplus à la jurisprudence, en laissant à l'équité des juges le soin d'apprécier chaque espèce en particulier.

L'alinéa précédent résumé l'art. 548 du même Code. Les dispositions des art. 549 et 550 ne me paraissent devoir être exprimées qu'à des occasions particulières, comme lorsqu'il s'agit de la revendication d'immeubles, et non en principes généraux. L'art. 551 me paraît inutile; la dernière partie de l'art. 553 appartient à un autre lieu.

(2) La condition de laisser le chemin de halage aux fleuves et rivières navigables ou flottables, est une servitude imposée par le droit public auquel il faut se reporter.

(3) L'exception relative aux relais de la mer appartient au droit public.

Si un fleuve ou une rivière enlève par une force subite une partie reconnaissable d'un champ riverain, et la porte vers une autre rive ou vers un autre champ, le propriétaire de la partie enlevée peut réclamer sa propriété (1).

Le lit d'un fleuve, d'une rivière ou d'un ruisseau sur lequel l'État, une commune ou un particulier n'ont pas droit de propriété, appartient par égale portion aux deux propriétaires riverains, suivant la ligne la plus justement tracée au milieu du fleuve, de la rivière ou du ruisseau.

En conséquence, les îles ou atterrissemens en forme d'îles ou de presqu'îles qui se forment dans les fleuves, rivières ou ruisseaux dont le lit appartient aux propriétaires riverains, appartiennent à ces propriétaires, dans la proportion de ce qui s'étend jusqu'à la ligne où ils ont droit chacun de leur côté (2).

Si un fleuve ou une rivière, se formant un bras nouveau, coupe ou embrasse le champ d'un propriétaire riverain et en fait une île, ce propriétaire a droit de propriété sur cette île.

Si un fleuve ou une rivière, se formant un lit nouveau, abandonne son ancien lit, les propriétaires des champs occupés par le nouveau lit ont droit de se partager, chacun suivant la quantité de terrain qu'il a perdu, le terrain du lit abandonné.

§ III.

Du droit d'accession dans les choses mobilières.

Lorsque deux ou plusieurs choses mobilières, appartenant à différens maîtres, ont été unies de manière à former un tout

---

(1) Le délai fatal d'une année dans lequel l'art. 559 du Code civil exige que le propriétaire du terrain enlevé le réclame, ne me paraît pas devoir lui être imposé. On doit suivre ici, ce me semble, les règles ordinaires, suivant lesquelles le droit de propriété ne peut se perdre que par convention ou par prescription.

(2) La disposition de l'art. 560 du Code civil appartient au droit public et non au droit civil.

Le droit public n'est qu'une série d'exceptions au droit civil, qui doivent être étudiées séparément et en leur lieu.

dont elles ne puissent être séparées sans préjudice pour l'un ou pour l'autre des propriétaires, le tout appartient à celui des propriétaires à qui est la chose principale, en vertu du *droit d'accession*, qui fait que l'accessoire suit toujours le sort du principal, sauf les conventions particulières et les circonstances à apprécier par le juge, ainsi que le remboursement de la valeur des choses considérées comme accessoires, qui est dû par le propriétaire de la chose principale.

Si, dans une matière travaillée, la chose appartient à l'un et le travail à l'autre, le travail peut être considéré par le juge comme étant la chose principale.

Lorsque, de deux ou plusieurs choses unies, l'une d'elles ne peut être considérée comme la chose principale, le tout appartient en commun aux divers propriétaires (1).

§ IV.

Du droit d'invention ou de premier occupant.

Les biens abandonnés ou perdus, dont le maître est inconnu ou ne se présente pas, appartiennent à ceux qui les trouvent, par droit d'*invention* ou de premier occupant.

Les animaux errans ou sauvages appartiennent, par le même droit, à ceux qui les saisissent.

Les dispositions des deux alinéas précédens ont lieu, sauf les exceptions et restrictions établies par des lois particulières (2).

La propriété d'un trésor appartient à celui dans la propriété duquel il se trouve.

Si le trésor est trouvé par un tiers dans la propriété d'un autre, ce trésor doit être partagé par moitié entre celui qui l'a trouvé et celui dans la propriété duquel il a été trouvé.

On apppelle *trésor* toute chose précieuse, provenant du

---

(1) C'est ainsi que me paraît devoir être résumée dans une loi générale la section II, chap. II, titre II, du livre II du Code civil. Le reste doit, ce me semble, être abandonné à la jurisprudence.

(2) Telles sont les lois de droit public relatives aux droits de chasse et de pêche, aux effets que la mer rejette sur ses bords, etc.

travail de l'homme, trouvée enfouie ou cachée, lorsque le propriétaire du lieu où cette chose a été trouvée, ignore par
qui elle a été enfouie ou cachée dans sa propriété (1).

TITRE II.

CHAPITRE PREMIER (2).

DE L'ORDRE DES SUCCESSIONS.

§ I.

Règles générales.

Lorsqu'une personne meurt, ses biens passent à ses héritiers.

Les héritiers d'une personne sont en *ligne directe* ou en
ligne collatérale.

(1) Les droits d'un inventeur sur les découvertes qu'il a faites dans les
arts, ou d'un auteur sur ses compositions, sont réglés par des lois particulières qui appartiennent au droit public.

(2) Ce chapitre est celui où j'ai à proposer les plus nombreux et les
plus notables changemens dans les dispositions de notre législation. Il
en est quelques-uns qui paraîtront très-hasardés sans doute, mais la con-
viction de leur utilité me suffit pour m'enhardir à les présenter, au risque
de heurter les préjugés les plus invétérés.

D'abord je repousse la disposition du Code civil qui accorde aux frères
et sœurs du défunt une part dans la succession de la personne décédée
du vivant de ses père et mère ou de l'un des deux seulement. Je sou-
tiens que dans l'état de nos mœurs, et sauf le droit de tester que je
laisse en son entier, le père et la mère sont toujours placés dans les affections d'un individu avant ses frères et sœurs, et la règle à suivre par le
législateur dans l'ordre des successions étant l'ordre naturel des affections, il s'ensuit que du vivant des père et mère, c'est à eux exclusivement que doit passer la succession, sans que les frères et sœurs y soient
appelés pour aucune portion.

Je distingue toutefois le cas où l'un des deux des père et mère est mort;
alors, la succession se divise en deux parts, qui sont attribuées l'une à
la ligne paternelle et l'autre à la ligne maternelle; le père ou la mère
survivant n'a droit qu'à l'usufruit, sa vie durant, de la part non attribuée à sa ligne, afin d'empêcher que ce survivant n'aliène ou ne détruise

La ligne directe est la ligne de parenté qui unit les descendans aux ascendans, comme le fils au père, le père au fils, l'aïeul au petit-fils, etc.

la totalité des biens de la succession ; il faut qu'à la mort du père ou de la mère qui aurait joui de tous les biens pendant sa vie, les frères et sœurs du défunt soient sûrs de retrouver au moins la moitié de la succession qui eût été attribuée à leur ascendant prédécédé, s'il eût vécu lors de l'ouverture de la succession, et qui peut-être, plus économe et plus heureux, eût conservé cette moitié pour la laisser à ses enfans, après sa mort.

Un second et notable changement que je propose dans la législation des successions, est d'accorder le droit de représentation et de successibilité à l'infini dans tous les degrés de parenté, comme cela existait avant le Code civil, qui limite le droit de représentation aux descendans en ligne directe et aux descendans de frères et sœurs, et le droit de successibilité au douzième degré de parenté.

C'est pour attribuer à l'époux survivant, et, à son défaut, à l'Etat, que le Code civil enlève la succession aux parens, au-delà du douzième degré. Quant à l'époux survivant, j'y ai pourvu par une disposition nouvelle de la plus grande importance, que je propose et qui consiste à lui donner l'usufruit, sa vie durant, des biens laissés par le défunt mort sans enfans ni descendans. C'est encore là suivre l'ordre présumé des affections. Un mari meurt sans testament, laissant une épouse sans enfans; il doit être présumé vouloir que sa veuve ait pendant sa vie la jouissance des biens qu'il laisse à son décès, sauf à les rendre à ses héritiers de famille, quand elle n'existera plus. Il doit en être de même, par réciprocité, à l'egard du mari veuf. C'est au reste une disposition qu'on met généralement dans les contrats de mariage; mais il me semble qu'elle doit être une règle constante établie par la loi, sauf l'expression d'une volonté contraire de la part du défunt et le cas d'indignité, dont il sera parlé plus loin et pour l'appréciation duquel je laisse toute latitude aux juges. Le cas d'un convol à de secondes noces ne me paraît même pas devoir être un motif d'exception à cette règle ; cette exception n'est pas ordinairement stipulée dans le contrat de mariage ; c'est qu'elle n'est pas naturelle. Si les biens du défunt peuvent concourir à faire faire un nouveau mariage d'autant plus avantageux au survivant, tant mieux pour ce dernier; c'est une chance aléatoire, qui court également au profit des deux époux. J'ai mis aussi la réserve du cas où les ascendans

La ligne collatérale est celle qui lie le frère au frère, l'oncle au neveu, au petit-neveu et aux arrière-petits-neuveux, le cousin germain au cousin germain, au petit-cousin germain et

du défunt se trouveraient dans le besoin ; alors les juges pourraient leur allouer le tout ou partie de l'usufruit à titre d'alimens, afin que l'époux survivant ne puisse pas profiter de la disposition qui le dispense de l'obligation de fournir des alimens à ses beau-père et belle-mère, lorsque l'époux qui produisait l'affinité est mort sans laisser d'enfans issus de ce mariage.

Pour ce qui concerne l'Etat, il est évident que des parens, quelque éloignés qu'ils soient, sont préférables au fisc ; le but d'une sage législation doit être de répartir les biens entre les mains des particuliers, plutôt que de les agglomérer dans celles du gouvernement. La disposition du Code civil est contraire à ce but politique ; celle que je propose y mène directement.

Le droit de représentation à l'infini résulte de la nature des choses ; il faut que les descendans en ligne directe d'un défunt recueillent tous les droits successifs qui eussent été attribués à leurs père ou grand-père, s'ils eussent été vivans à l'ouverture de la succession. Suivant le Code civil, par exemple, si le défunt ne laissait que deux cousins germains, avec des petits-cousins nés d'un troisième cousin germain prédécédé, la succession passerait tout entière aux deux cousins germains, à l'exclusion des enfans du troisième cousin germain décédé ; il y a là une injustice qu'on ne peut tolérer.

Au reste, je ne fais que rétablir par là ce qui existait dans notre ancienne législation. Il semble que ce soit par impuissance d'exprimer l'ordre si compliqué de succession, qui était seulement de tradition et d'usage dans l'ancienne jurisprudence, que les auteurs du Code civil se sont arrêtés à des termes aussi incomplets dans leur rédaction que non fondés en bonne législation.

Je pourrais presque en dire autant des dispositions de l'ancienne législation relative au retrait des propres, que je propose de rétablir. C'était là encore un point des plus difficiles de notre ancienne jurisprudence ; mais parce que certains principes, tirés de la nature du cœur humain, entraînent de grandes difficultés et des procès plus ou moins nombreux, ce n'est pas une raison pour le législateur d'y couper court en violant ces principes. C'est comme si, pour éviter les procès, la loi défendait de porter ses réclamations en justice. Je crois, quant à moi,

aux arrière-petits-cousins germains, le cousin au cousin, aux petits-cousins et aux arrière-petits-cousins, et tous les arrière-cousins entre eux.

qu'il est essentiellement dans la nature du cœur humain que si, par exemple, un défunt, mort sans enfans, père, mère, frères ni sœurs, laisse des biens-fonds venant du côté de son père, les parens de la famille paternelle y aient seuls droit, à l'exclusion des parens de la famille de sa mère. Il y a un sentiment inné de justice qui ne veut pas que les biens venant d'une famille passent dans une famille étrangère, et, du reste, cette attribution particulière des biens à certaines familles, doit contribuer à entretenir parmi elles un lien d'union et de mutuel soutien, qu'il faut chercher à resserrer, plutôt que de le laisser se détruire.

L'art. 747 du Code civil donne aux ascendans le droit de succéder, à l'exclusion de tous autres, aux biens donnés par eux à leurs enfans décédés sans postérité, et retrouvés en nature dans leur succession. J'étends ce droit à tous les donateurs, et même aux héritiers des donateurs. L'art. 951 du même Code permet au donateur de stipuler ce droit de retour ; mais il me semble que c'est ce droit qui doit être la règle générale établie par la loi, et la stipulation de la non-existence du droit de retour, l'exception. Quand on donne un bien à quelqu'un, on entend bien ne pas le donner à ses frères, a ses sœurs, à son père, à sa mère, ou à ses autres parens ; si ce donataire n'existait pas, on ne ferait pas ce don ; quand il n'existe plus et qu'il ne laisse point d'enfans, il doit être considéré, à l'égard du donateur, comme s'il n'avait jamais existé, et la condition qui avait déterminé le don n'existant plus, le don doit être révoqué, sauf à ne reprendre les biens donnés que dans l'état où ils se trouvent, et seulement leur prix encore dû, s'ils ont été aliénés. A défaut du donateur prédécédé, j'accorde le droit de retour à ses héritiers au préjudice des héritiers propres du donataire ; un donateur doit toujours, ce me semble, être présumé préférer ses héritiers propres à ceux du donataire, autres que ses enfans et descendans ; sauf le cas où il a stipulé le contraire dans l'acte de donation. Il me semble que cette exhérédation de ses propres héritiers au profit des héritiers collatéraux ou même ascendans d'un autre, mérite bien d'être exprimée ; cela est plus naturel que de supposer cette exhérédation par le fait même de la donation.

Au reste, je soumets l'exercice du droit de retour du donateur dans

Chaque ligne se compose de *degrés* que l'on compte par premier, second, troisième, quatrième, et ainsi de suite.

les successions à une condition qui a été omise par le Code civil ; c'est de tenir compte à la succession des dépenses et impenses faites, même inutilement, aux biens donnés par le donataire. En effet, le donataire a la libre disposition des biens donnés ; il peut les vendre, les détériorer, les détruire, sans que le donateur puisse s'y opposer ; le donateur ne peut avoir droit qu'à ce qui s'est retrouvé dans la succession ; si le donataire a dépensé une partie de ses autres biens, qui ne devaient point revenir au donateur, à l'occasion des biens donnés, soit pour les améliorer, soit pour les détériorer même, c'est comme s'il avait employé une partie de ces biens donnés eux-mêmes à cette amélioration ou détérioration, et les eût diminués d'autant ; il ne faut pas que la donation, qui ne doit point profiter aux héritiers du donataire, leur porte du moins aucun préjudice, et ce préjudice existerait, si les biens donnés avaient été l'occasion d'une perte dans les biens qui n'ont pas été donnés, et que le donateur n'en tînt pas compte.

Le changement le plus grave peut-être que j'ose proposer dans l'ordre des successions, est celui qui concerne les enfans naturels. Je les appelle à la succession de leurs père et mère reconnus, pour la moitié de ce qu'ils auraient eu s'ils étaient enfans légitimes, concurremment avec leurs frères et leurs sœurs légitimes, et à défaut des frères et sœurs légitimes, je les appelle à la succession pour la totalité, à l'exclusion des père et mère et de tous les autres parens de leurs père et mère reconnus. Je les appelle en outre à toutes les successions auxquelles leurs père et mère légalement reconnus auraient droit s'ils étaient vivans, tels que celles des grands-pères, grand'mères, oncles, tantes, cousins et parens naturels de tous les degrés, pour la moitié de ce qu'ils auraient eu, s'ils étaient légitimes, lorsqu'ils concourent avec des frères et sœurs légitimes ; et pour la totalité, s'ils sont seuls enfans et descendans de leurs père et mère légalement reconnus. Je donne enfin aux enfans incestueux ou adultérins seulement droit à des alimens, quand il y a des enfans légitimes ou simplement naturels de leurs père et mère légalement reconnus ; mais je leur attribue les mêmes droits qu'aux enfans simplement naturels, quand il n'y a point d'autres enfans qu'eux de leurs père et mère légalement reconnus. Par réciprocité, les parens naturels des enfans naturels légalement reconnus ont sur leurs successions les mêmes droits que s'ils étaient enfans légitimes.

Le fils est, à l'égard du père ou de la mère, au premier degré de parenté, et réciproquement; l'aïeul est, à l'égard du petit-fils, au deuxième degré; le bisaïeul, au troisième degré; le trisaïeul, au quatrième degré, et ainsi de suite.

Le frère est, à l'égard du frère ou de la sœur, au second degré; le neveu est, à l'égard de l'oncle, au troisième degré; le petit-neveu est au quatrième degré; l'arrière-neveu, au cinquième degré; l'enfant de l'arrière-neveu, au sixième degré, etc.

Le cousin germain est, à l'égard du cousin germain, au quatrième degré; l'enfant du cousin germain, ou petit-cousin germain, au cinquième degré; l'enfant du petit-cousin germain, ou arrière-cousin germain, au sixième degré, et ainsi de suite.

Le cousin est, à l'égard du cousin, au sixième degré; l'enfant du cousin, ou petit-cousin, au septième degré; l'enfant du petit-cousin, ou arrière-cousin, au huitième degré, et ainsi en suivant.

Je crois que la morale publique ne peut souffrir de ces nouvelles dispositions en faveur des enfans nés hors mariage, dont, aux yeux de la nature, les droits devraient être égaux à ceux des enfans légitimes, puisque le crime de leur naissance n'appartient pas à eux, mais à leurs père et mère. Le législateur ne pouvant songer à punir ces derniers de la naissance même de ces enfans, de peur d'entraver la reconnaissance volontaire de la part des parens coupables, ou même l'action des enfans en recherche des auteurs de leurs jours, dans la crainte d'attirer sur eux un châtiment, on a cru devoir frapper la personne des enfans, pour tâcher de contenir les unions illicites par la pensée du malheur des créatures auxquelles elles pouvaient donner la vie; mais il me semble que la différence de moitié dans les droits des enfans naturels et des enfans légitimes, avec un degré de réprobation de plus encore pour les enfans incestueux et adultérins, quand il en existe des uns ou des autres qui sont appelés concurremment à la succession de leurs père et mère, doit suffire pour atteindre le but que se propose le législateur. Plus de sévérité me paraît inutile et dès-lors n'est plus qu'injuste et barbare. C'est à des mœurs fortes et cimentées par la religion à réparer ce qui pourra manquer de rigueur à cet égard dans les lois contre les enfans naturels.

Pour compter les degrés de parenté, à quelque éloignement qu'ils puissent aller, on compte de génération en génération depuis la personne qu'on choisit jusqu'à l'auteur commun d'où descend la personne à qui celle-là peut être liée de parenté, puis on redescend génération par génération jusqu'à celle-ci.

Ainsi, par exemple, prenant un individu désigné par *de cujus*, on remonte à son père ou à sa mère, et l'on compte un degré; puis on redescend à son frère ou à sa sœur, et l'on compte deux degrés, à son neveu, trois degrés, à son petit-neveu, quatre degrés, et ainsi de suite.

Si l'on remonte à son grand-père ou à sa grand-mère, on compte deux degrés, après avoir compté un degré à son père ou à sa mère, puis on redescend au frère de son père ou de sa mère, ou son oncle, et l'on compte trois degrés; à l'enfant de son oncle, ou cousin germain, quatre degrés, et ainsi de suite.

Si l'on remonte à son bisaïeul, on compte trois degrés; à son trisaïeul, quatre degrés, etc; puis on redescend de père en fils, de fils en petit-fils, et, en comptant toujours un degré à chaque échelon de génération, on arrive à connaître le degré de parenté de l'individu *de cujus* avec tels arrière-neveux, arrière-cousins germains et arrière d'arrière-cousins qu'on veut désigner.

Les lignes de parenté se distinguent encore en *ligne paternelle* et *ligne maternelle*.

On appelle ligne paternelle celle qui unit le père à l'enfant ainsi que tous les parens provenant du côté de ce père à cet enfant, et ligne maternelle celle qui unit la mère à l'enfant et tous les parens provenant à cet enfant du côté de sa mère.

On distingue encore, dans la ligne directe, la *ligne ascendante*, qui est celle qui unit l'enfant à ses père et mère, aïeux, aïeules, bisaïeux, trisaïeux et à tous ses ascendans; et *ligne descendante*, celle qui unit les père et mère à leurs enfans, petits-enfans, arrière-petits-enfans et à tous leurs descendans.

§ II.

Des successions en ligne directe descendante.

A la mort d'une personne, tous ses biens passent à ses enfans vivans, ou, à leur défaut, à leurs petits-enfans et arrière-petits-enfans.

Dans le cas où tous les enfans de la personne décédée sont vivans, ils partagent les biens entre eux par égales portions.

Si l'un des enfans est mort sans laisser de descendans, sa part accroît aux autres enfans vivans, qui se partagent la succession comme si l'enfant mort n'avait jamais existé.

Si l'enfant mort a laissé des enfans vivans, petits-enfans de la personne décédée, la part de cet enfant mort passe à ces derniers, qui se la partagent entre eux par égales portions.

Il en est de même, si l'un des petits-enfans de la personne décédée est mort lui-même en laissant des enfans qui sont arrière-petits-enfans du défunt dont la succession est à partager; ces arrière-petits-enfans ont droit à la part qui fût revenue à leur père, s'il était vivant, dans la part qui fût revenue à leur grand-père, s'il eût été vivant lors de l'ouverture de la succession de leur bisaïeul, et ainsi de suite.

Le droit en vertu duquel les enfans sont appelés à représenter leur père dans une succession à laquelle il eût eu droit s'il eût été vivant, s'appelle *droit de représentation*.

Le droit de représentation a lieu à l'infini dans la ligne directe descendante.

Le mode de partage d'une succession par égales portions entre les enfans du même père, s'appelle *partage par tête*.

Le mode de partage qui donne, en cas de l'exercice du droit de représentation, la part de l'enfant mort à ses enfans, petits-enfans de la personne décédée, s'appelle *partage par souche*.

Dans le cas où il y a lieu à l'exercice du droit de représentation, les enfans sont appelés à représenter leur père décédé, encore qu'ils aient renoncé à sa succession.

La succession ouverte passe directement au représentant, sans entrer dans la succession de la personne représentée.

§ III.

Des successions en lignes ascendante et collatérale.

En cas de mort d'une personne sans enfans ni descendans, ses biens passent à ses père et mère vivans, par égales portions et par tête.

Si l'un des deux est mort, la succession se divise en deux parties, dont l'une est attribuée à la ligne paternelle et l'autre à la ligne maternelle; le père survivant ou la mère survivante a droit en toute propriété à la part attribuée à sa ligne, et, en outre, à l'usufruit, sa vie durant, de la part attribuée à l'autre ligne. La nue propriété de cette part appartient aux frères et sœurs du défunt, dans les proportions qu'il sera dit ci-après.

Si le père et la mère sont morts, les biens de la personne décédée passent à ses frères ou sœurs, qui se les partagent par égales portions et par tête, s'ils sont frères ou sœurs germains, c'est-à-dire nés tous des mêmes père et mère.

Il en est de même si les frères ou sœurs du défunt sont tous frères ou sœurs utérins, c'est-à-dire nés de la même mère, mais non du même père.

Il en est encore de même, si les frères ou sœurs du défunt sont tous frères ou sœurs consanguins, c'est-à-dire nés du même père, mais d'une mère différente.

Si le défunt laisse en même temps des frères ou sœurs germains et des frères ou sœurs utérins ou consanguins, la succession se divise en deux parties, l'une qui est attribuée à la ligne paternelle, et l'autre à la ligne maternelle.

Les frères ou sœurs utérins du défunt n'ont de droit que dans la part attribuée à la ligne maternelle, et les frères et sœurs germains du défunt ont part exclusivement dans la ligne paternelle, tandis qu'ils ont, en outre, droit de partager par égales portions avec les frères ou sœurs utérins, la part de la succession attribuée à la ligne maternelle.

Si ce sont des frères ou sœurs consanguins, ils ont droit seulement dans la ligne paternelle, tandis que les frères ou sœurs germains ont droit dans les deux lignes.

Le droit de représentation a lieu à l'infini en faveur des enfans des frères et sœurs, de là même manière qu'il a été dit au paragraphe précédent pour la ligne directe descendante.

Si le défunt ne laisse ni père, ni mère, ni frères, ni sœurs germains, utérins ou consanguins, la succession se divise en deux parties, qui sont attribuées, l'une à la ligne paternelle, et l'autre à la ligne maternelle.

L'aïeul et l'aïeule paternels vivans partagent entre eux par égales portions et par tête la part attribuée à leur ligne ; il en est de même des aïeul et aïeule maternels.

Si l'un des deux, des aïeul ou aïeule, dans l'une ou l'autre ligne, est décédé, la part attribuée à la ligne dont il s'agit, se divise en deux parts, dont l'une est attribuée à la ligne paternelle et l'autre à la ligne maternelle, et l'aïeul ou l'aïeule survivant a droit à la part attribuée à sa ligne ; l'autre part appartient aux oncles et tantes du défunt, comme il sera dit ci-après.

Si le défunt ne laisse ni descendans, ni père, ni mère, ni frères, ni sœurs, ni grand-père, ni grand'mère vivans, sa succession se divise en deux parts, l'une pour la ligne paternelle et l'autre pour la ligne maternelle ; la part de la ligne paternelle appartient aux oncles et tantes paternels, et la part de la ligne maternelle aux oncles et tantes maternels du défunt, avec le droit de représentation à l'infini en faveur des enfans et descendans de ces oncles et tantes.

Si les oncles et tantes paternels du défunt sont tous frères ou sœurs germains du père du défunt, ou tous frères ou sœurs utérins, ou tous frères ou sœurs consanguins, ils ont droit à la part attribuée à la ligne paternelle, par égales portions et par tête.

S'il y a concours d'oncles et tantes paternels, frères ou sœurs germains du père du défunt, et d'oncles et tantes paternels, frères ou sœurs utérins ou consanguins de ce père du défunt, une nouvelle division se fait en ligne paternelle et ligne maternelle ; et les oncles et tantes germains ont droit dans les deux lignes, tandis que les oncles et tantes utérins ou consanguins n'ont droit que dans leur ligne, d'une manière analogue à ce qui a été dit ci-dessus pour les partages entre frères et sœurs germains et frères et sœurs utérins ou consanguins.

Si, par exemple, l'aïeul paternel du défunt est survivant et a droit, comme il a été dit ci-dessus, à une part de la succession du défunt mort sans enfans, père, mère, frères ni sœurs, la part attribuée à l'aïeule paternelle décédée passe aux oncles et tantes du défunt, frères ou sœurs germains, ou utérins du père du défunt; les oncles et tantes, frères ou sœurs consanguins du père du défunt n'ont aucun droit d'y participer, la part à eux revenante étant entièrement attribuée à l'aïeul paternel survivant dont ils sortent.

Ces règles et proportions sont applicables aux oncles et tantes maternels du défunt et à tous les cas analogues.

A défaut d'aïeul et aïeule, d'oncles et tantes paternels du défunt mort sans enfans, père, mère, frères ni sœurs, la part attribuée à l'aïeul paternel se divise en deux parts attribuées, l'une à la ligne paternelle et l'autre à la ligne maternelle de cet aïeul paternel du défunt, et tout ce qui a été dit ci-dessus pour l'attribution des parts, avec le droit de représentation à l'infini, est applicable à ce cas comme aux cas analogues dont il a été question précédemment.

Il en est de même de la part attribuée, dans ce cas, à la ligne maternelle de l'aïeul paternel du défunt, comme enfin de tous les cas analogues.

Le droit de succession a lieu dans chaque ligne à l'infini.

Il en est de même du droit de représentation, qui a également lieu à l'infini dans chaque ligne.

A défaut de parens dans une ligne, la part attribuée à cette ligne passe à l'autre ligne.

Les dispositions des alinéas précédens du présent § n'ont lieu que sauf ce qui sera dit ci-après pour les biens propres.

§ IV.

Du retrait des propres.

Les parens du défunt ont droit exclusif, dans le partage, aux biens propres à chaque ligne.

Les biens propres sont tous ceux qui sont venus par héritage à la personne décédée et dont on peut reconnaître l'origine.

Tous les autres biens sont des acquêts.

En cas de prédécès de la mère du défunt, par exemple, si le défunt avait recueilli des biens par héritage d'elle, ces biens seraient attribués exclusivement à la ligne maternelle, et le père survivant n'aurait droit qu'à l'usufruit de ces biens; et si, dans le même cas, il y avait lieu à partage entre des frères germains et des frères consanguins, les frères germains auraient seuls droit à ces biens, et les frères consanguins n'y auraient aucune part.

Le partage des acquêts se fait comme il a été dit au § précédent, sans aucune considération de l'existence des propres.

Ainsi la ligne qui n'a pas droit aux propres ne peut prétendre à aucune surpart dans les acquêts, pour compenser son défaut de part dans les propres.

Les propres, toutefois, doivent récompense aux acquêts des dépenses et impenses faites par le défunt, même inutilement, à l'occasion de ces propres.

§ V.

Du droit de retour au donateur.

Le donateur a droit de retour aux biens donnés, trouvés dans la succession du donataire décédé sans enfans ni descendans, ou au prix encore dû de ces biens, s'ils ont été aliénés par le donataire.

A défaut du donateur décédé avant le donataire, ce droit de retour a lieu au profit des héritiers du donateur.

Le droit de retour ne peut être exercé que sauf les indemnités qui peuvent être dues pour dépenses et impenses faites par le défunt, même inutilement, à l'occasion des biens donnés.

§ VI.

Des successions à l'égard des enfans naturels.

Les enfans naturels légalement reconnus ont droit seulement à la moitié de ce qu'ils auraient, s'ils étaient enfans légitimes, tant dans la succession de leur père et mère que dans celles de leurs frères ou sœurs naturels, aïeux, oncles, tantes, cousins et autres parens naturels.

A défaut d'enfans et descendans légitimes des père et mère des enfans naturels légalement reconnus, la succession de ces père et mère passe entièrement aux enfans naturels comme s'ils étaient légitimes.

A défaut d'enfans et descendans légitimes des aïeux des enfans naturels légalement reconnus, la succession de ces aïeux passe entièrement aux enfans naturels légalement reconnus par leurs père ou mère, comme s'ils étaient légitimes.

A défaut de neveux ou nièces légitimes appelés à la succession des oncles ou tantes des enfans naturels légalement reconnus par leur père ou mère, frères ou sœurs de ces oncles ou tantes, la succession des oncles ou tantes passe entièrement aux enfans naturels légalement reconnus, comme s'ils étaient légitimes.

A défaut de cousins germains légitimes des enfans naturels légalement reconnus par leurs père ou mère, oncle ou tante de ces cousins germains, la succession des cousins germains passe entièrement aux enfans naturels légalement reconnus, comme s'ils étaient légitimes.

Il en est ainsi de tous les cas où les enfans naturels légalement reconnus seraient appelés exclusivement à une succession, s'ils étaient légitimes; la succession passe entièrement alors aux enfans naturels légalement reconnus, comme s'ils étaient légitimes.

Les enfans incestueux ou adultérins, légalement reconnus, n'ont droit qu'à des alimens sur les biens dans lesquels ils auraient droit de partage s'ils étaient enfans légitimes.

Mais dans le cas où ces enfans incestueux ou adultérins

scraient appelés exclusivement à une succession, s'ils étaient enfans naturels légalement reconnus, cette succession passe entièrement à ces enfans incestueux ou adultérins légalement reconnus, de la même manière qu'il vient d'être dit pour les enfans naturels.

La succession des enfans naturels est réglée vis-à-vis de leurs père et mère légalement reconnus, et des parens de ces derniers, de la même manière que s'ils étaient légitimes.

§ VII.

Des droits du conjoint.

A défaut d'enfans et descendans de la personne décédée, son conjoint survivant a droit à l'usufruit, sa vie durant, de tous les biens laissés par l'époux prédécédé; la nue propriété seulement passe aux héritiers de ce dernier.

Néanmoins, dans le cas où le défunt laisse des ascendans, ces derniers peuvent se faire attribuer tout ou partie de cet usufruit à titre d'alimens, s'ils sont dans le besoin.

A défaut d'héritiers de l'époux prédécédé, son conjoint a droit tant à la nue propriété qu'à l'usufruit (1).

---

(1) Je dispense le conjoint appelé en toute propriété à la succession de son conjoint décédé, de l'obligation de fournir la caution exigée par l'art 771 du Code civil, parce qu'on ne doit pas plus l'exiger de ce conjoint que de tout autre héritier d'un degré plus ou moins éloigné appelé à une succession à défaut d'héritiers connus d'un degré plus proche. Le Code ne l'exige pas dans ce dernier cas ; il y a même raison de décider pour le cas du conjoint appelé à hériter.

Il en est de même de l'obligation imposée au conjoint, ainsi qu'à l'Etat, de faire prononcer l'envoi en possession par le tribunal, après trois publications ; il faut, ou imposer cette obligation à tout héritier appelé à défaut d'héritiers connus d'un degré plus proche, ou en dispenser et le conjoint et l'Etat qui ne sont que des héritiers appelés à défaut d'héritiers plus proches. Mais cette obligation ne me paraît pas plus utile dans un cas que dans l'autre, sauf les réquisitions particulières du ministère public dans l'intérêt des absens.

Quant à l'obligation de faire inventaire, la seule peine à prononcer

§ VIII.

De la déshérence.

A défaut de conjoints et d'héritiers de la personne décédée, les biens du défunt appartiennent à l'état par droit de déshérence (1).

CHAPITRE II.

DE L'OUVERTURE DES SUCCESSIONS, DES ÉTRANGERS, ET DE L'INDIGNITÉ.

§ I.

De l'ouverture des successions.

Les successions s'ouvrent par la mort naturelle ou civile des personnes.

Pour succéder, il faut exister au moment de l'ouverture de la succession.

L'enfant conçu dans le sein de sa mère, est censé né du jour où il a été conçu, lorsqu'il s'agit de l'intérêt de cet enfant.

L'enfant est censé conçu, dans ce cas, le trois centième jour avant celui où il est venu au monde, c'est-à-dire dans les dix mois qui ont précédé sa naissance.

Lorsque l'enfant a intérêt à faire rapprocher le plus près possible le temps de sa conception de celui de sa naissance, il est censé n'avoir été conçu que le cent quatre-vingtième jour ou six mois avant l'accouchement de sa mère.

L'enfant qui n'est pas né viable est censé n'avoir jamais existé, et ne peut être considéré comme ayant succédé pendant le temps où le fœtus a été renfermé dans le sein de sa mère.

Le mort civil est censé ne pas exister, et ne peut succéder à compter du jour où la mort civile est encourue.

contre le conjoint qui y manque étant celle portée par l'art. 772, il est inutile de l'exprimer ici dans la loi; elle résulte du principe que quiconque, par son fait, cause à autrui un dommage, est tenu de le réparer, et il faut s'abandonner sur ce point à la jurisprudence.

(1) Voyez la note sur le § précédent.

Lorsque deux ou plusieurs personnes dont l'une était appelée à succéder à l'autre, si celle-ci fût morte avant celle-là, ou *vice versa*, ont péri ensemble dans un événement fatal, comme un naufrage, un incendie, la question de savoir laquelle de ces personnes est morte la première ou a succédé à l'autre, est résolue par l'appréciation des circonstances rapportées du commun malheur ; sinon elle est résolue de la manière suivante :

La plus âgée est censée morte la première, selon l'ordre de la nature.

Néanmoins, si les personnes dont il s'agit avaient moins de quinze ans accomplis, la plus âgée est censée avoir survécu

L'homme est toujours censé avoir survécu à la femme, lorsque la différence d'âge n'excède pas une année.

§ II.

Des étrangers, et de l'indignité.

Les étrangers ne sont appelés à succéder à leurs parens en France que dans les cas et sous les conditions réglées par des lois particulières (1).

Toute personne peut être déclarée par les tribuuaux indigne de succéder en tout ou en partie à une autre pour voies de fait ou injures graves envers le défunt (2).

L'héritier déclaré indigne est remplacé par ceux qui au-

---

(1) Ces lois appartiennent au droit public.

(2) C'est à ces termes généraux que je réduis, où plutôt que j'étends les dispositious des art. 727 et 728 du Code civil. Il faut, ce me semble, laisser à des tribunaux bien composés le pouvoir de déclarer indignes de succéder, des parens qui se trouveraient vis-à-vis du défunt dans un état tel qu'il y aurait justice à les exclure en tout ou en partie de la succession à titre de punition de famille. C'est un moyen puissant de maintenir l'union et la fraternité entre les parens. La jurisprudence enfin, qui se forme selon les circonstances variables à l'infini des espèces et une longue suite de temps, doit seule, à mon avis, poser les règles à cet égard

raient droit de lui succéder, ou de le représenter dans une succession par droit d'hérédité, s'il était décédé.

CHAPITRE III.

DE L'ACCEPTATION DES SUCCESSIONS.

§ I.

De l'acceptation pure et simple.

Les biens de la personne décédée passent à ses héritiers désignés par la loi, du jour et de l'instant même de l'ouverture de la succession ; ils sont saisis de ces biens par le seul fait de cette ouverture, ce qui fait dire en principe : *Le mort saisit le vif.*

On peut accepter purement et simplement une succession, auquel cas on est entièrement substitué aux droits et obligations de la personne décédée, dont les biens se confondent avec ceux de l'héritier pur et simple.

Néanmoins les créanciers de la succession, pour éviter que cette confusion ne nuise à leurs droits, en permettant aux créanciers personnels de l'héritier de venir se faire payer de leurs créances sur les biens de la succession concurremment avec les premiers dont le gage se trouverait alors diminué, peuvent demander contre l'héritier la séparation des patrimoines.

Nul n'est tenu d'accepter purement et simplement une succession qui lui est échue.

L'acceptation pure et simple d'une succession peut être expresse ou tacite.

Elle est expresse quand on prend dans un acte le titre d'héritier pur et simple.

Elle est tacite lorsqu'on fait sciemment un acte de disposition et de propriété sur les biens de la succession, lequel ne permet pas de croire qu'on ait voulu renoncer à cette succession ou l'accepter seulement sous bénéfice d'inventaire (1).

____

(1) Les dispositions de l'art. 780 du Code civil me paraissent appartenir à la jurisprudence et non à une loi.

Les actes conservatoires ne sont point des actes d'adition pure et simple d'hérédité.

On peut être restitué contre une acceptation pure et simple d'hérédité, lorsqu'elle a été la suite fatale d'un concours de circonstances qui font évidemment supposer que l'héritier n'aurait pas accepté purement et simplement la succession, s'il en avait connu toutes les charges, ignorées de lui quand il a fait cette acceptation (1).

L'héritier qui se rend coupable ou complice du divertissement d'effets de la succession au préjudice des ayans-droit peut être déclaré, pour ce seul fait, héritier pur et simple indépendamment des peines portées par les lois pénales (2).

§ II.

De l'acceptation sous bénéfice d'inventaire.

On peut accepter une succession sous bénéfice d'inventaire.

Le *bénéfice d'inventaire* consiste à donner à l'héritier le droit d'administrer la succession pour en rendre compte à qui de droit, sans être tenu des dettes ou charges de la succession au-delà des biens compris dans cette succession.

La déclaration d'acceptation d'une succession sous bénéfice d'inventaire se fait au greffe du tribunal du lieu où la succession s'est ouverte.

La succession s'ouvre au lieu où était le domicile du défunt lorsqu'il est décédé.

---

(1) L'extension de la disposition de l'art. 783 du Code civil de la manière que je le fais dans cet alinéa, me paraît juste. Il faut s'en rapporter à cet égard à la décision des tribunaux et à la jurisprudence.

(2) Je crois qu'il faut laisser aux juges le pouvoir de décider si, dans certains cas, il n'y aurait pas trop de sévérité à déclarer héritier pur et simple pour le seul fait du divertissement d'effets quelconques de la succession : mais je pense qu'il doit y avoir emprisonnement et amende contre l'héritier divertissant ou receleur, comme il en serait contre toute autre personne coupable d'un vol fait à la succession.

L'héritier bénéficiaire est tenu de faire précéder ou suivre dans le plus bref délai son acceptation, d'un inventaire fidèle et exact des biens de la succession, sous peine de tous dommages-intérêts envers les parties intéressées.

A défaut d'inventaire, ou si l'héritier bénéficiaire a omis sciemment et de mauvaise foi de comprendre quelques biens dans l'inventaire, il peut être déchu du bénéfice d'inventaire à la demande des parties intéressées, et déclaré héritier pur et simple.

L'héritier a trois mois, à partir du jour de l'ouverture de la succession, pour faire inventaire, et quarante jours, après l'achèvement de l'inventaire, pour délibérer s'il acceptera purement et simplement ou sous bénéfice d'inventaire.

L'héritier ne peut être tenu, avant l'expiration de ces délais, de prendre définitivement qualité.

Il peut même obtenir du tribunal une prolongation de ces délais, lorsque la situation de la succession et les circonstances paraissent l'exiger.

L'héritier bénéficiaire est tenu, pour l'administration des biens de la succession, à toutes les obligations du tuteur pour l'administration de la tutelle.

Il ne peut être entravé dans son administration par les créanciers de la succession ou autres; mais il est toujours tenu de rendre les comptes qui lui sont demandés par eux, et peut être condamné par le juge, sur leur demande, à fournir caution de la sûreté de son administration dans l'intérêt de tous les ayans-droit (1).

L'héritier bénéficiaire a droit de se faire payer ce qui lui est dû par la succession, concurremment avec tous les créanciers et légataires.

----

(1) Je soumets l'obligation de l'héritier bénéficiaire de fournir caution sur la demande des créanciers, à la restriction que les tribunaux peuvent l'en dispenser dans le cas où cette demande ne paraîtrait pas fondée et n'aurait pour objet que d'entraver l'administration de l'héritier ou de lui élever de mauvaises difficultés.

Si des créanciers ou autres ayans-droit se sont fait connaître à l'héritier bénéficiaire, il ne peut faire aucun paiement que du consentement de ces créanciers et ayans-droit, ou par justice, sous peine de sa responsabilité personnelle.

Les créanciers ou tous autres ayans-droit, qui ne se sont pas fait connaître, n'ont droit qu'à ce qui reste de la succession, lorsqu'ils se présentent après le paiement fait aux créanciers ou la délivrance des legs faite aux légataires qui se sont présentés avant eux.

L'héritier bénéficiaire peut se payer par lui-même ou se faire délivrer les legs à lui faits, en le faisant ordonner par le juge, contradictoirement avec les créanciers ou tous autres intéressés qui se sont fait connaître (1).

Les frais d'administration et de reddition de compte de l'héritier bénéficiaire sont à la charge de la succession.

CHAPITRE IV.

DE LA RENONCIATION AUX SUCCESSIONS.

L'héritier qui renonce à une succession à laquelle il était appelé, est censé n'avoir jamais été héritier.

Sa succession, ou sa part de succession, passe, dans ce cas, à ceux qui auraient droit de lui succéder, s'il était décédé (2).

Les créanciers de l'héritier renonçant peuvent se faire autoriser par justice à accepter pour eux, sous bénéfice d'inventaire, la succession échue à leur débiteur, mais seulement jusqu'à concurrence de leurs créances, et non au-delà.

La renonciation à une succession ne peut se faire que par

(1) C'est une disposition qui manque dans le Code civil, et qui me paraît importante.

(2) Je supprime les dispositions des art. 781 et 782 du Code civil, dont les cas me paraissent devoir rentrer dans la règle commune ou n'être que ceux déjà réglés par la loi.

L'art. 787 a une rédaction vicieuse et n'est d'ailleurs que la répétition de ce qui a été dit sur le droit de représentation.

une déclaration formelle au greffe du tribunal du lieu où la succession est ouverte.

On peut toujours accepter une succession à laquelle on a renoncé et qui n'a point été acceptée par d'autres.

Dans ce cas néanmoins, l'Etat, qui a recueilli la succession par droit de déshérence, ne peut s'opposer à l'acceptation nouvelle de l'héritier qui a primitivement renoncé, sous le prétexte qu'il a accepté la succession vacante, après la renonciation de l'héritier, si ce n'est trente ans après que l'Etat a été mis en possession de la succession (1).

CHAPITRE V.

DES RAPPORTS.

Tout héritier, même bénéficiaire ou renonçant (2), doit rapport à la succession les biens qu'il a reçus, par donation entre

---

(1) La disposition de l'art. 789 du Code civil me paraît être sans objet. Ou la succession à laquelle un héritier a renoncé a été acceptée par un autre, et, dans ce cas, l'héritier renonçant ne peut plus revenir sur sa renonciation, ou la succession n'a été acceptée par personne, et alors il n'y a point à lui opposer de prescription, si ce n'est, comme dans tous les cas ordinaires, par ceux qui auraient prescrit la propriété de biens quelconques dépendant de cette succession.

Je ne veux pas que l'Etat puisse opposer son acceptation de la succession à l'héritier primitivement renonçant, parce que l'Etat ne doit être considéré que comme dépositaire des successions vacantes, sauf la prescription de trente ans, qui doit mettre fin à toute réclamation.

Je supprime toute la section IV du chapitre V du titre des successions. L'État recueillant une succession, les biens recueillis doivent être administrés, comme tous autres biens du domaine public, par l'administration des domaines; il n'y a point de curateur à nommer spécialement par le tribunal; c'est l'officier royal chargé de cette administration qui doit être de plein droit curateur.

La disposition de l'art. 791 n'appartient point à cette place.

(2) Je soumets l'héritier renonçant au rapport comme l'héritier acceptant. Cette disposition, contraire à celle de l'art. 845 du Code civil, me paraît fondée en justice. Les donations qu'un père fait à l'un de ses enfans pendant sa vie doivent toujours n'être censées faites que sous la

vifs, de celui à qui il est appelé à succéder, à moins que le donateur ne lui ait fait la donation avec dispense de rapport, par préciput et hors part.

Les legs faits à un successible sont toujours censés faits par préciput et hors part, à moins que le contraire ne soit exprimé par le testateur (1).

L'héritier sujet au rapport doit les fruits des biens à rapporter, du jour de l'ouverture de la succession, et la valeur de ces biens au même jour, sauf les indemnités qui peuvent lui être dues pour les dépenses et impenses qu'il a faites pour l'amélioration et la conservation des biens donnés.

L'héritier doit compte des dégradations et détériorations survenues par son fait ou par sa faute et négligence dans les biens donnés.

Il doit également compte des dégradations et détériorations faites par l'acquéreur des biens donnés, dans le cas où ils auraient été aliénés par le donataire.

Les détériorations ou pertes survenues aux biens donnés, sans qu'on puisse les imputer à la faute du donataire, ne peuvent être mises à la charge de l'héritier sujet au rapport.

condition qu'à son décès il se trouvera assez d'autres biens dans sa succession pour que les autres enfans aient une part égale. Si, depuis la donation, le père avait fait des pertes de fortune telles, que les biens donnés, n'excédant pas, lors de la donation, la part présumée de l'enfant donataire, excédassent cette part lors de l'ouverture de la succession, l'enfant donataire pourrait donc se dispenser du rapport en renonçant à la succesion? Cela serait très-injuste et ne peut être toléré.

(1) C'est encore une disposition nouvelle, qui me paraît résulter de la nature des choses. Un père fait tel legs à l'un de ses enfans, un oncle à l'un de ses neveux, dans un testament dont les dispositions n'épuisent pas tous les biens de la succession : restent des biens à partager suivant la loi entre tous les héritiers ; il y a lieu de supposer, ce me semble, que si le père, l'oncle, n'avait pas eu l'intention de favoriser son enfant ou son neveu légataire, il n'aurait pas fait de legs particulier en sa faveur : il s'en serait rapporté au partage égal assuré par la loi entre tous ses héritiers.

Le rapport est dû des sommes qui ont été employées pour le paiement des dettes de l'héritier sujet à rapport, encore que ces sommes n'aient pas été données à cet héritier par acte de donation entre vifs.

Les frais d'éducation, d'apprentissage, d'entretien, les frais ordinaires d'équipement, ceux de noces, et les présens d'usage ne sont point sujets à rapport.

Il en est de même des dons faits à titre rémunératoire.

Le rapport n'est dû qu'à l'héritier par le cohéritier ; il n'est pas dû aux créanciers ni aux légataires.

Le rapport se fait en nature, en argent, ou en moins prenant, au choix de l'héritier rapportant (1).

CHAPITRE VI.

DE LA CONTRIBUTION AUX DETTES.

Les cohéritiers doivent contribuer au paiement des dettes de la succession, chacun dans la proportion de la part dont il profite dans cette succession.

Ils sont tenus au paiement de ces dettes envers les créanciers, chacun dans cette proportion seulement, et non au-delà (2).

(1) Je dispense, dans tous les cas, le cohéritier donataire de l'obligation de faire le rapport en nature. C'est un droit, ce me semble, qu'on ne peut refuser au donataire, que celui de garder en nature le bien donné ; un père, un oncle a désigné un enfant, un neveu pour posséder spécialement tel bien : c'est une faveur, si elle est jugée telle, qui doit profiter à l'héritier désigné.

(2) Le mode de contribution aux dettes de la part du légataire n'appartient pas à ce lieu. La disposition de l'art. 872 du Code civil doit être laissée à la jurisprudence et non insérée dans une loi ; et d'ailleurs j'ai rejeté tout ce qui concerne les partages dans un titre spécial du troisième livre.

La disposition de l'art 873, qui porte que les héritiers sont tenus hypothécairement pour le tout, me paraît inutile, puisque les droits des créanciers hypothécaires sur les biens hypothéqués sont réglés ailleurs ; j'ai rejeté aussi hors de cette place les recours des héritiers copartageans ; il en est de même du droit des créanciers d'intervenir dans

Les titres exécutoires contre le défunt le deviennent contre les héritiers, par le seul fait de la signification de ces titres à ces héritiers (1).

TITRE III.

DES DONATIONS ET DES TESTAMENS.

CHAPITRE PREMIER.

DISPOSITIONS GÉNÉRALES.

§ I.

De la capacité de disposer et de recevoir par donation ou testament.

Toute personne majeure et maîtresse de ses droits peut disposer de ses biens à titre gratuit, par donation ou par testament.

La femme mariée peut tester sans l'autorisation de son mari; mais elle ne peut faire de donation entre vifs ou à cause de mort sans cette autorisation, ou, à son défaut, celle de la justice.

Le mineur âgé de quatorze ans accomplis peut tester sans l'autorisation de son tuteur ni celle du conseil de famille (2).

---

les partages, pour éviter qu'ils ne soient faits en fraude de leurs intérêts.

(1) Je ne vois point la nécessité d'imposer un délai de huit jours à l'exécution du titre signifié aux héritiers. La mort d'un débiteur ne doit rien changer aux droits de ses créanciers; c'est aux héritiers à prendre leurs mesures, comme aurait dû faire le défunt lui-même, pour échapper aux poursuites de ces créanciers munis de titres en règle.

(2) Je fixe à quatorze ans l'âge auquel le mineur peut tester, parce qu'il me paraît que c'est là le terme moyen de l'âge de puberté pour les hommes et pour les femmes: c'est à cet âge qu'est fixée, par un antique usage, la majorité de nos rois. Du reste, je ne limite point à la moitié des biens, comme le fait l'art. 904 du Code civil, la faculté du mineur de disposer par testament; je lui donne au contraire toute liberté à cet égard, comme au majeur, en laissant aux tribunaux à les annuler pour captation ou autre cause, si les legs paraissent injustes ou exagérés.

Il en est de même de la prohibition faite par l'art. 907 à un mineur de tester en faveur de son tuteur. Je supprime cette disposition, en laissant

Le mineur ou l'interdit peut faire à son futur conjoint, par contrat de mariage, toute donation entre vifs ou à cause de mort qu'il juge convenable, avec le consentement de ceux dont le consentement lui est nécessaire pour pouvoir contracter mariage.

Toute personne peut recevoir par donation ou par testament, mais seulement, si elle n'est pas maîtresse de ses droits, avec l'autorisation de ceux dont le consentement lui est nécessaire pour pouvoir disposer à titre onéreux.

Les dons ou legs à l'Etat, faits à des établissemens publics ou à des communes, ne peuvent être acceptés qu'en vertu d'une loi (1).

Les donations et les testamens peuvent être annulés en tout ou en partie, à la demande des intéressés, pour démence ou imbécillité du donateur ou testateur.

Ils peuvent l'être également pour haine injuste du donateur ou testateur contre ses héritiers naturels, ou pour captation de la part ou en faveur des donataires ou légataires (2).

aux tribunaux à décider si un legs fait à un tuteur peut être considéré ou non comme obtenu par captation.

(1) C'est là une disposition très-importante, et qui peut seule mettre une barrière aux dons scandaleux que se font faire trop souvent des prêtres cupides, sous le prétexte de religion, au préjudice et à la ruine des familles. Ce n'est pas une simple ordonnance du Roi qu'il faut dans ce cas : c'est une loi rendue après une discussion solennelle et publique dans les Chambres.

(2) C'est là ramener la législation aux termes de notre ancienne jurisprudence, qu'une pente insensible et invincible commence déjà à ramener dans nos tribunaux, malgré l'obstacle que les rédacteurs du Code civil paraissent avoir voulu y mettre, imprudemment selon moi, en repoussant de ce Code les mots sacramentels : *captation, ab irato.* La conscience et l'équité finiront toujours, avec le temps, par l'emporter dans l'esprit des juges, malgré tous les obstacles que voudront y mettre les législateurs : à quoi servent alors ces obstacles, qu'à blesser l'équité et la conscience ?

La généralité des termes du dernier alinéa de ce S dispense de reproduire les dispositions de l'art. 909 du Code civil.

§ II

Des attributions d'alimens sur les biens donnés.

Les héritiers naturels du donateur ou testateur qui les a privés de ses biens par donation ou par testament, peuvent, s'ils sont dans le besoin, se faire attribuer, après la mort de ce donateur ou testateur, à titre d'alimens, tout ou partie des biens donnés ou légués (1).

CHAPITRE II.

DES DONATIONS ENTRE VIFS.

§ I.

Règles générales.

La donation entre vifs est celle par laquelle le donateur se dépouille actuellement et irrévocablement des biens donnés en faveur du donataire qui en devient propriétaire à la place du donateur.

La donation entre vifs doit être faite dans la forme la plus

La disposition de l'art. 912 sur les étrangers appartient au droit public.

Quant à celle de l'art. 908 sur les enfans naturels, j'ai expliqué dans le titre précédent pourquoi je les ramenais, sauf un seul point, aux mêmes conditions que les enfans légitimes : cette disposition est donc à supprimer.

(1) C'est à quoi je réduis tout ce qui est dit dans le Code civil sur la quotité des biens dont peuvent disposer les donateurs ou testateurs au préjudice de leurs héritiers en ligne directe : c'est-à-dire que je reviens à la législation romaine qui permettait l'exhérédation absolue, sauf la réserve des alimens que j'y mets et dont je laisse aux tribunaux à déterminer la quotité suivant les circonstances. L'exhérédation laissée aux père et mère contre des enfans coupables ou ingrats, est un des moyens les plus puissans de maintenir la moralité dans les familles. Les parens ne doivent que des alimens à des enfans rebelles ou méchans : l'annullation des donations ou testamens pour haine injuste est une barrière suffisante contre des dispositions évidemment dictées par des sentimens contraires à la nature.

solennelle des actes notariés, afin qu'il ne reste aucun doute sur la ferme résolution du donateur de se dépouiller de son bien en faveur d'un autre, et qu'on soit sûr que cet acte n'a point été fait avec légèreté.

La donation peut être rétractée tant qu'elle n'a point été acceptée par le donataire, et que cette acceptation n'a pas été connue du donateur (1).

La donation faite à une personne non maîtresse de ses droits peut être acceptée par toute personne se portant fort pour elle, sauf le consentement du donataire et l'autorisation de ceux dont le consentement est nécessaire. Dans ce cas, la donation est irrévocable à l'égard du donateur (2).

(1) C'est à quoi je crois devoir réduire, en termes généraux, la disposition de l'art. 932 du Code civil. Celle de l'art. 933 me paraît inutile dans une loi ; elle résulte des principes généraux.

(2) C'est là une disposition nouvelle qui me paraît naturelle, puisqu'elle ne peut nuire ni aux mineurs donataires ni au donateur; les contrats passés entre un majeur et un mineur sont irrévocables pour le majeur, tandis qu'il peut y avoir lieu à rescision pour le mineur.

La disposition de l'art. 936 du Code civil me paraît inutile à exprimer dans une loi; elle découle naturellement des principes généraux.

Même observation pour la disposition de l'art. 938.

La disposition de l'art. 939 appartient au titre des priviléges et hypothèques.

L'obligation imposée aux maris, tuteurs et administrateurs de faire transcrire les actes de donation et d'acceptation, et les dommages qui en résultent contre eux, aux termes des art. 940, 941 et 942, résultent naturellement du principe que ces maris, tuteurs et administrateurs sont obligés de veiller aux intérêts de ceux dont les biens sont confiés à leur administration, et qu'ils sont responsables de toute faute ou négligence de leur part qui compromet ces intérêts. Il n'y a rien de plus à dire que cela, et ce principe doit être et est exprimé ailleurs que dans ce lieu; le reste est du domaine de la jurisprudence.

Pour la disposition de l'art. 943, voyez le chap. V.

L'art. 944 contient une disposition oiseuse ou qui n'appartient pas à ce lieu, si elle est considérée comme un principe général dans les contrats et obligations.

La donation peut être faite sous telles conditions qu'il plaît au donateur d'y imposer.

Les conditions illicites, ou dont l'exécution est impossible, sont censées non écrites.

La donation faite à un enfant conçu, qui n'est pas né viable, est nulle.

§ II.

De la révocabilité des donations entre vifs.

La donation entre vifs peut être révoquée pour cause d'inexécution des conditions sous lesquelles elle a été faite,

Les dispositions des art. 645 et 946 sont à supprimer, d'après ce que j'admets au chap. V.

La condition de l'annexe d'un état estimatif des effets mobiliers à l'acte de donation de ces effets, pour la validité de cette donation, ainsi que le veut l'art. 948, ne me paraît nullement fondée en raison ; je la supprime, laissant aux parties et aux notaires le soin de spécifier et désigner dans l'acte de donation les effets donnés, de manière qu'il n'y ait aucun doute sur leur nature et leur identité : c'est tout ce qui est nécessaire, ce me semble.

Le principe général énoncé dans le présent §, que la donation peut être faite sous telles conditions qu'il plaît au donateur, pourvu qu'elles ne soient pas contraires aux lois, me paraît dispenser le législateur d'ajouter que le donateur peut se réserver, ou réserver au profit d'un autre, comme le dit l'art. 949, l'usufruit des biens donnés. Quant à l'art. 950, sa disposition appartient au titre qui règle les droits et obligations des usufruitiers et des nus propriétaires en général.

J'ai changé, au titre des successions, les dispositions des art. 951 et 952, sur le droit de retour au donateur, qui peut, en vertu du principe déjà énoncé, imposer toutes les conditions qu'il juge convenables, au cas où il y aurait lieu à l'exercice du droit de retour, comme la résolution de toutes les aliénations des biens donnés. Mais cette résolution et l'affranchissement de toutes charges et hypothèques ne me paraissent pas devoir résulter de plein droit, comme le veut l'art. 952, de la pure et simple stipulation du droit de retour ; il me semble que le retour des biens francs et quittes est une exception qui ne doit pouvoir résulter que de la stipulation la plus expresse, quand on songe qu'il s'agit d'enlever des droits aux tiers.

.pour ingratitude du donataire envers le donateur, ou pour survenance d'enfans au donateur.

Toute injure grave faite au donateur, qui n'a pas pardonné, ou à sa mémoire, par le donataire ou ses héritiers, qui ont recueilli après lui les biens donnés, peut donner lieu à la révocation de la donation pour cause d'ingratitude (1).

Les donations faites par contrat de mariage aux futurs époux ou à l'un d'eux ne sont point révocables pour cause d'ingratitude, quand la révocation peut nuire à l'époux qui n'est pas coupable d'ingratitude ou aux enfans nés ou à naître du mariage en faveur duquel la donation a été faite (2).

La révocation des donations, pour inexécution des conditions ou pour cause d'ingratitude, n'a pas lieu de plein droit; il faut qu'elle soit prononcée par le juge qui, dans ce cas, peut en prononcer la révocation en tout ou partie, ou la soumettre à telles conditions qu'il juge à propos.

Les donations entre vifs sont révoquées de plein droit, malgré toutes clauses et stipulations contraires, lorsqu'il survient au donateur un ou plusieurs enfans, même naturels, incestueux

---

(1) Je crois qu'on ne doit point spécifier les faits d'ingratitude, comme le fait l'art. 955 du Code civil, mais en laisser l'appréciation tout entière à la sagesse des juges. J'étends les faits d'ingratitude jusqu'à l'injure grave faite à la mémoire du donateur; c'est encore aux juges qu'il faut laisser à apprécier si une injure de ce genre doit donner lieu à la révocation.

Je ne fixe point de délai fatal pour l'exercice de l'action en révocation pour cause d'ingratitude, comme le fait l'art. 957, qui veut que cette action soit intentée dans l'année du fait reproché: je subordonne seulement l'action au fait du pardon accordé par le donateur, et qui peut, suivant l'appréciation du juge, résulter d'un trop long retard à l'exercice de cette action. Quant aux héritiers du donateur qui peuvent avoir à l'exercer, il faut encore laisser aux juges à décider si l'éloignement du temps de l'injure ne l'a pas suffisamment effacée, pour rendre l'exercice de l'action non recevable: cela résulte de la latitude absolue donnée à cet égard aux magistrats.

(2) La restriction que je mets au principe de l'irrévocabilité pour cause d'ingratitude des donations faites en faveur de mariage, porté d'une manière absolue par l'art. 959 du Code civil, me paraît justifiée par sa simple énonciation.

8*

ou adultérins, légalement reconnus (1), dont la conception ou la naissance est postérieure à la donation, et qui naissent viables, excepté lorsque ces donations ont été faites par des ascendans à leurs descendans, ou par un conjoint à son conjoint.

Néanmoins, dans le cas de l'alinéa précédent, les tribunaux peuvent accorder au donataire ou à ses héritiers, une partie des biens donnés, à titre d'alimens ou d'indemnité (2).

En cas de révocation d'une donation pour cause d'inexécution des conditions, les biens rentrent dans les mains du donateur, libres et quittes de toutes charges et hypothèques, et le donataire a, contre les tiers détenteurs ou acquéreurs, tous les droits qu'on a contre les possesseurs de la chose d'autrui.

En cas de révocation pour cause d'ingratitude, les biens reviennent au donateur dans l'état où ils se trouvaient lors de la donation, sauf les droits acquis de bonne foi par les tiers, avec tous recours contre le donataire pour les pertes ou détériorations survenues aux biens donnés par son fait ou sa négligence.

En cas de révocation pour cause de survenance d'enfant, les biens ne rentrent au donateur ou à ses héritiers que dans l'état où ils se trouvent avoir été mis par le donataire de bonne foi, et sauf les indemnités à lui dues pour dépenses et impenses faites de bonne foi à l'occasion des biens donnés, et sauf les droits des tiers de bonne foi (3).

Dans le cas de l'alinéa précédent, le donataire ni ses ayanscause ne peuvent opposer, pour faire valoir la donation, que la prescription de trente ans, à compter de la naissance du dernier enfant du donateur, même posthume ; et ce, sans préjudice des interruptions de prescription, telles que de droit.

(1) C'est une conséquence de l'assimilation que j'ai faite en tout, sauf un seul point, des enfans naturels aux enfans légitimes.

(2) Cette disposition nouvelle dans la législation me paraît de toute justice.

(3) La disposition de l'art. 963 du Code civil, qui fait rentrer les biens

Les donations révoquées pour cause de survenance d'enfans ne peuvent revivre par le seul fait de la mort de l'enfant qui a donné lieu à la révocation; elles ne peuvent reprendre leur effet que par une nouvelle disposition du donateur.

Les fruits sont dus par le donataire du jour de la demande en révocation (1).

CHAPITRE III.

DES TESTAMENS.

§ I.

De la forme des testamens.

Le testament est un acte de dernière volonté par lequel on donne à quelqu'un tout ou partie des biens qu'on laissera à son décès.

Un testament peut être fait, ou olographe, ou par acte notarié, ou par toute autre manière propre à exprimer sa dernière volonté (2).

donnés dans le patrimoine du donateur, libres de toutes charges et hypothèques, et malgré toutes aliénations faites aux tiers de bonne foi, me paraît injuste; l'enfant survenu n'est qu'un tiers qui ne mérite pas plus de considération aux yeux de la loi que tout autre tiers. C'est frapper en quelque sorte les biens donnés de main morte entre les mains du donataire. Qui voudra lui acheter, même pendant cinquante ans après la donation, un bien qui peut être repris, en cas de survenance d'enfans au donateur, dans un temps indéfini? Voilà pourquoi je remplace la disposition de l'art. 363 par celle que je présente.

Celle de l'art. 962, dans sa première partie, me paraît rendue inutile par l'alinéa suivant.

(1) Il ne me paraît pas juste ni régulier de faire courir les fruits, en cas de révocation pour cause de survenance d'enfans, du jour de la simple notification de la naissance, comme le fait l'art. 962 du Code civil; les choses doivent, ce me semble, rentrer ici dans le droit commun.

(2) Je supprime la disposition de l'art. 968 du Code civil, qui porte qu'un testament ne peut être fait dans le même acte par deux ou plusieurs personnes : la nullité d'un pareil testament ne doit pas être exprimée dans la loi; il n'y a là, selon moi, qu'une question de captation et de jurisprudence.

Le testament olographe est celui qui est écrit, daté et signé tout entier de la main du testateur, n'importe dans quels termes. Sa forme la plus simple est celle-ci : *Au nom de Dieu, ceci est mon testament. Je donne et lègue tels biens, ou la totalité de mes biens, ou telle partie de mes biens, la moitié, le tiers, le quart, à telle ou telle personne; ou bien : J'institue telle ou telles personnes pour mon héritier ou mes héritiers, pour tous mes biens ou telle partie de mes biens, ou pour tels ou tels biens. Ce tel jour, tel mois, telle année, signé tel.*

Le testament devant notaire doit être fait dans la forme la plus solennelle des actes notariés (1), et en présence de quatre témoins (2).

Les termes généraux que j'emploie dans la dernière partie de cet alinéa laissent toute latitude aux juges pour déclarer valable un testament qui n'aurait pas été fait dans toutes les formes légales. C'est là encore une disposition nouvelle, qui me paraît fondée en justice et en raison. Que peut-on vouloir de plus pour la validité d'un testament que la volonté évidente du testateur? Les formes légales ne sont que des moyens de s'assurer positivement de cette volonté : mais si elle apparaît clairement indépendamment de ces formes, qu'a-t-on besoin de plus ? Composons les tribunaux d'une telle manière, qu'il n'y ait pas à craindre la corruption et la partialité, et alors on pourra s'abandonner à eux en toute confiance.

(1) C'est aux lois organiques du notariat, qui appartiennent au droit public, à régler les formes de ces actes.

(2) Ce que j'ai dit plus haut sur la convenance de s'en rapporter à la sagesse des tribunaux bien composés pour reconnaître la volonté évidente du testateur, à défaut de formes, dispense d'ajouter rien de plus à cet alinéa, pour la forme des testamens à faire devant notaires. J'exige les quatre témoins, pour donner encore plus de solennité et de certitude à la manifestation de la volonté du testateur : ce sont des précautions qu'il faut que les notaires et les parties prennent pour éviter les contestations.

Je dirai qu'en général la crainte de donner lieu à un procès ne balance point dans mon esprit celle de consacrer une injustice en coupant court à ce procès; il faut laisser aux parties à savoir s'il y a plus d'intérêt pour elles à ne pas plaider qu'à plaider. C'est un faux intérêt à leur porter que de les condamner à subir une injustice, plutôt que de s'exposer aux chances d'un procès pour tenter de la faire réparer.

On peut faire un testament secret. Dans ce cas, le testateur écrit de sa main ou fait écrire par un autre ses dernières volontés, et dépose cet écrit cacheté dans les mains d'un notaire en déclarant qu'il contient son testament. Ce dépôt et la déclaration du testateur doivent être reçus et constatés dans la forme la plus solennelle des actes notariés en présence de huit témoins, de manière à ne laisser aucun doute sur la réalité du fait, que l'écrit déposé contient effectivement les dernières volontés du testateur, et rien de plus. Cette forme de testament est appelée *mystique*. (1).

Les légataires compris au testament ne peuvent être témoins pour les testamens faits devant notaire ou dans la forme mystique (2).

§ II.

Du testament militaire.

Dans les armées, hors du territoire français, sur les bâtimens en mer, l'officier chargé de tenir les écritures, ou à son défaut tout chef du corps de troupes ou du bâtiment, ou tout

---

(1) La simplification des formes du testament mystique, telle que je la propose dans cet alinéa, est fondée sur la même observation que j'ai faite sur l'alinéa précédent. Au reste, huit témoins, *maximum* du nombre fixé par le Code civil, me paraissent pouvoir être exigés en général pour un acte aussi extraordinaire que le testament mystique : cela ne peut nuire. Quant aux dispositions des art. 978 et 979 de ce Code, elles me paraissent tacitement et suffisamment remplacées par les termes généraux de la disposition que je propose.

(2) Il me paraît trop rigoureux de déclarer incapables d'être témoins aux testamens, *de plano*, les parens des légataires ; c'est une question à laisser à décider par les juges, si un testament fait en présence de témoins qui seraient parens des légataires doit être considéré comme obtenu par captation ou autrement. Quant aux clercs des notaires, c'est aux lois sur le notariat à défendre en général qu'ils puissent servir de témoins aux actes de leurs patrons.

C'est aux lois sur le notariat à dire aussi que les témoins aux actes notariés ne peuvent être que mâles, majeurs et Français jouissant des droits civils.

supérieur, remplit les fonctions de notaire, et il suffit de deux témoins.

Le testament fait dans cette forme s'appelle *testament militaire*.

Ce testament n'est valable que si le testateur vient à mourir par suite de la maladie ou de l'événement qui paraît lui avoir fait craindre la mort et faire son testament.

La disposition de l'alinéa précédent est applicable à toute personne attachée à la suite des armées et aux passagers en mer.

En cas de siége ou contagion, lorsque les communications sont interceptées, tout officier public, à défaut de notaire, peut en remplir les fonctions, et il suffit de la présence de deux témoins; mais le testament n'est valable que lorsque le testateur meurt pendant le temps de l'interception des communications ou peu de temps après.

Les agens consulaires ou diplomatiques français peuvent remplir les fonctions de notaire pour les testamens faits par les Français en pays étranger; mais le testament n'est valable, dans ce cas, que si le testateur meurt en pays étranger ou peu de temps après sa rentrée en France.

Les testamens faits par les Français en pays étranger, dans les formes usitées dans le pays, sont valables (1).

§ II.

Des légataires.

Le legs universel comprend la généralité des biens que le testateur laisse à son décès.

Il peut y avoir plusieurs légataires universels, par exemple, lorsque le testateur a dit : *J'institue telles et telles personnes pour mes héritiers universels,* ou : *Je donne à telles et telles personnes*

______

(1) C'est par ces dispositions générales que je crois que doivent être remplacées dans une loi toutes celles de la section II du chap. V, des dispositions testamentaires au Code civil, en laissant, à la jurisprudence à faire le surplus.

l'universalité de mes biens. Dans ce cas, les légataires universels partagent par tête et par égales portions.

Le legs à titre universel est celui qui donne au légataire une part déterminée de la succession, comme la moitié, le quart, le dixième, ou tous les meubles, ou tous les immeubles, et le tiers, le quart, le vingtième des meubles ou des immeubles de la succession.

Le legs particulier est celui qui donne au légataire un bien ou des biens spécifiés par le testateur, comme telle somme d'argent, tant de boisseaux de froment, de muids de vin, telle maison, tel champ, tel ou tels domaines.

Les légataires sont tenus de demander la délivrance de leurs legs aux héritiers désignés par la loi (1).

S'il y a un ou plusieurs légataires universels, la demande en délivrance doit être formée par eux contre les héritiers naturels, et contre eux par les légataires à titre universel ou particulier.

Les fruits ne sont dus aux légataires que du jour de leur demande en justice (2), à moins que le testateur n'ait exprimé une volonté contraire (3).

(1) Je ne crois point qu'on doive donner la saisine de plein droit au légataire universel, pas plus qu'au légataire à titre universel ; la saisine ne doit appartenir qu'aux héritiers naturels, et il faut que ces derniers puissent être appelés par le légataire universel à contester, s'il y a lieu, le testament, en vertu duquel il prétend se mettre en possession des biens du testateur.

(2) Le légataire universel ne devant pas, suivant moi, être saisi de plein droit de la succession au jour du décès du testateur, il en résulte que les fruits ne doivent lui être dus que du jour de la demande, comme aux autres légataires

(3) Il faut laisser à la jurisprudence, ce me semble, à décider si la jouissance d'un legs pour alimens doit commencer du jour du décès ou seulement du jour de la demande : ce n'est pas là un principe à poser par la loi.

C'est encore à la jurisprudence, selon moi, que doit être abandonné

Les légataires universels ou à titre universel contribuent comme les héritiers naturels pour leur part et portion, et jusqu'à concurrence de cette part ou portion seulement, au paiement de dettes et charges de la succession, ainsi qu'à l'acquittement des legs particuliers.

Les légataires à titre particulier ne contribuent aux dettes que lorsqu'il n'y a plus d'autres biens sur lesquels les créanciers puissent exercer leurs droits. Dans ce cas, les légataires particuliers contribuent entre eux au prorata de la valeur de leurs legs.

Lorsqu'il a été fait de bonne foi délivrance et paiement des legs aux légataires particuliers, les créanciers qui se font connaître seulement après cette délivrance n'ont aucun recours contre ces légataires (1).

le principe que les frais de la demande en délivrance de legs sont à la charge de la succession, puisque les légataires sont de véritables créanciers. Quant aux frais d'enregistrement, ou plutôt aux droits de mutation qui doivent être à la charge des légataires, c'est aux lois fiscales à les régler. Inutile d'ajouter, selon moi, que le tout est sauf le cas où le testateur a ordonné le contraire.

Il est également inutile de dire que les fruits sont dus à compter du jour de la délivrance consentie ; cela résulte de la nature des choses. Ce sont là précisément les conséquences qu'il faut laisser à la jurisprudence à tirer des principes généraux qui doivent seuls être énoncés dans la loi.

Je ferai la même observation sur la disposition de l'art. 1022 du Code civil, portant que lorsque le legs a été fait d'une chose indéterminée, l'héritier n'est pas tenu de la donner de la meilleure qualité, ni ne peut l'offrir de la plus mauvaise. Cela me paraît encore appartenir exclusivement à la jurisprudence.

(1) L'art. 809 du Code civil laisse les légataires particuliers sous le coup du recours des créanciers qui ne se font connaître qu'après le paiement des legs, pendant trois années après ce paiement ; mais il me semble que cela n'est ni juste ni régulier. Un légataire, qui a reçu le montant de son legs de bonne foi et croyant qu'il n'y a point de créanciers parce qu'il ne s'en est pas présenté, a fait, en raison de l'accroissement de son aisance ou de sa fortune, des dépenses ou des acquisitions qu'il n'eût pas faites

§ IV.

De la révocation et de l'exécution des testamens.

Toute personne qui a fait un testament n'est point liée par sa volonté, et peut le révoquer par un testament postérieur ou par tout acte propre à exprimer sa volonté de le révoquer.

Un testament postérieur, même annulé, emporte révocation du testament précédent, lorsque les dispositions du nouveau testament sont contraires à celles de l'ancien.

Toute aliénation par le donateur, même nulle, d'un bien compris dans le legs d'un testament antérieur, emporte révocation du legs en ce qui concerne ce bien, ou pour ce qui en à été aliéné, si une partie seulement a été aliénée.

Si, avant le testament ou depuis, le testateur a grevé d'hypothèque le bien légué à titre particulier, le légataire n'est point tenu de contribuer au paiement de la dette hypothécaire, à moins que le contraire n'ait été exprimé par le testateur.

Le legs fait au créancier n'est pas censé fait en compensation de sa créance, ni celui fait au domestique, par imputation sur ses gages.

Les accessoires du bien légué sont censés compris dans le legs du principal.

Il en est de même des embellissemens et constructions faits par le testateur sur le fonds légué postérieurement au testament.

Il en est encore de même dans le cas où une partie contiguë a été achetée par le testateur, postérieurement au testament, pour être réunie au bien légué et ne former qu'un seul et même tout avec lui.

sans cela; il y a injustice à lui faire supporter, dans ce cas, les conséquences de la négligence du créancier à ne pas s'être présenté avant le paiement; les légataires particuliers doivent être considérés ici comme de véritables et simples créanciers.

Toute disposition testamentaire, faite en faveur d'un individu qui n'a pas survécu au testateur, est caduque ; ses héritiers n'y ont aucun droit.

Le legs fait à un enfant conçu dans le sein de sa mère et mis au jour après la mort du testateur est caduc, si l'enfant n'est pas né viable.

La disposition est également caduque, si le bien légué périt pendant la vie du testateur, ou même après sa mort, lorsque le bien périt sans la faute de l'héritier, même mis en retard de délivrer.

Le legs de la chose d'autrui est nul.

Les legs peuvent être répudiés par les légataires. Cette répudiation doit être faite dans la forme des rénonciations aux successions (1).

Lorsqu'une chose a été léguée à deux ou plusieurs légataires particuliers conjointement, sans désignation de part pour chacun d'eux, comme, par exemple, si le testateur avait dit : *Je légue telle maison à Pierre et à Paul,* sans ajouter, *chacun pour moitié,* ou *l'un pour un quart et l'autre pour le surplus* ; il y a lieu à accroissement au profit des légataires appelés à recueillir le legs, à défaut par l'un ou plusieurs d'entre eux de le recueillir, soit par prédécès de ce légataire ou de ces légataires morts avant le testateur, soit par la répudiation du legs par l'un ou plusieurs des colégataires particuliers.

Il en est de même lorsqu'une chose donnée à plusieurs avec désignation de part et séparément, n'est pas, de sa nature, susceptible d'être divisée sans détérioration, et qu'il paraît avoir été dans l'intention du testateur que la chose soit livrée en nature et non qu'elle puisse être licitée entre les colégataires, comme, par exemple, un même ouvrage composé de plusieurs volumes (2).

(1) Cette disposition manque dans le Code civil.

(2) Je donne à la disposition de l'art. 1045 du Code civil une précision et une condition qu'elle n'a pas et qui me paraissent indispensables.

Le testateur peut imposer au legs telles conditions non contraires aux lois qu'il juge convenables, et le légataire ne peut
profiter du legs que sous les conditions y imposées (1).

Toutes les conditions illicites ou impossibles à remplir, sont
censées non écrites et n'entraînent point la nullité du legs.

Les legs universels, à titre universel ou particulier, peuvent
être annulés en tout ou partie, à la demande des intéressés,
pour injure faite au testateur qui n'a pas pardonné, ou à sa
mémoire (2).

§ V.

Des exécuteurs testamentaires.

Le testateur peut nommer un ou plusieurs exécuteurs testamentaires pour les charger du soin de veiller à l'exécution de
son testament, en commun, ou avec désignation de fonctions
différentes pour chacun d'eux, s'il y en a plusieurs.

Il peut leur donner la saisine ou administration de tout ou
partie de sa succession (3).

______

(1) La disposition de l'art. 1040 du Code civil me paraît renfermée
dans la rédaction de cet alinéa.

Quant à celle de l'art. 1041, elle me paraît inutile; cela va sans dire,
et appartient à l'effet des conditions suspensives en général.

(2) Je soumets la révocation du legs pour injures graves pendant la vie
du testateur, à la condition que ce dernier n'ait pas pardonné. Cette
restriction, qui n'existe pas dans le Code civil, me paraît juste.

Je ne fixe point de délai dans lequel les héritiers sont tenus d'intenter
l'action en révocation du legs pour injure faite à la mémoire du testateur,
comme l'art. 1047 du Code; qui la fixe à une année, à compter du jour
de l'injure reprochée; c'est aux tribunaux à décider, comme je l'ai dit
précédemment, si l'éloignement du temps de l'injure ne l'a pas suffisamment effacée pour rendre l'action en révocation non recevable.

(3) Je ne vois aucun motif fondé en législation de restreindre à la
durée d'un an, comme le fait l'art. 1042 du Code civil, le temps pendant lequel le testateur peut donner la saisine à ses exécuteurs testamentaires; c'est là un droit de disposition de ses biens tout comme un autre,

Les héritiers naturels peuvent faire cesser la saisine en offrant de donner caution pour l'exécution du testament.

Les exécuteurs testamentaires peuvent être privés de la saisine pour faute, négligence ou malversation dans leur administration.

Les mineurs, même émancipés, ne peuvent en aucun cas être exécuteurs testamentaires.

Nul ne peut être tenu d'accepter les fonctions d'exécuteur testamentaire.

Les exécuteurs testamentaires peuvent agir collectivement, ou l'un deux seul pour tous (1).

Les exécuteurs testamentaires qui n'ont pas la saisine ou administration des biens ne peuvent qu'intervenir pour assurer l'exécution du testament.

Ceux qui ont la saisine sont, pour l'administration des biens de la succession, sujets, en ce qui les concerne, à toutes les obligations des tuteurs.

Les pouvoirs des exécuteurs testamentaires ne passent point à leurs héritiers.

Les frais faits par les exécuteurs testamentaires pour remplir leurs fonctions sont à la charge de la succession.

CHAPITRE IV.

DES DONATIONS À CAUSE DE MORT (2).

Les donations à cause de mort sont celles par lesquelles le

qui ne peut être refusé, ce me semble, à un homme à qui l'on accorde le droit de priver ses héritiers naturels même de la propriété de ses biens : à plus forte raison peut-il les priver de leur administration, pendant tout le temps qu'il juge nécessaire, sauf toutefois les restrictions que j'y mets dans les deux alinéas suivans.

(1) C'est à la jurisprudence seule, selon moi, qu'il appartient de décider le cas où les exécuteurs testamentaires sont ou non responsables de leurs actes ; je supprime, en conséquence, la dernière partie de l'art. 1033 du Code civil.

(2) Je rétablis, en principe général, la faculté de faire des donations à

donateur donne irrévocablement au donataire tout ou partie des biens qu'il laissera à son décès, universellement, ou à titre universel.

Les donations à cause de mort ne peuvent être faites ni acceptées que dans les formes prescrites pour les donations entre vifs.

Tout ce qui a été dit au chapitre II du présent titre, relativement aux donations entre vifs, est applicable aux donations à cause de mort.

Le donateur à cause de mort ne peut plus disposer, à titre gratuit, des biens compris dans la donation, si ce n'est pour sommes modiques, et à titre rémunératoire seulement (1).

La donation peut être faite de tous les biens présens et à venir, ou de tous les biens présens seulement, ou de tous les biens à venir seulement.

Si le donateur s'est réservé de disposer à titre gratuit d'un bien compris dans une donation de biens présens, ou d'une somme fixe à prendre sur ces mêmes biens, et qu'il n'ait pas dis-

cause de mort, que le Code civil a restreinte au cas où ces donations sont faites à des futurs époux par contrat de mariage seulement. Cette restriction fut l'effet de l'esprit qui régnait, en matière de législation, à l'époque de la rédaction du Code, et qui était un reste des principes novateurs de 1789; par amour de la libre disposition des biens, on privait les citoyens de la faculté de disposer librement de leurs biens. C'est ce qui fit porter la disposition de l'art. 943, qui déclare nulle toute donation de biens à venir, qui n'est autre chose que la donation à cause de mort. Un homme qui ne peut plus disposer pendant sa vie à titre gratuit des biens qu'il a donnés pour les recueillir seulement après sa mort parut un homme privé de sa liberté, quand le même homme pouvait faire plus en se privant de la liberté d'en disposer même à titre onéreux, par exemple, en donnant ses biens en nue propriété avec réserve d'usufruit seulement. C'est une contradiction choquante, une véritable inconséquence. Je la fais disparaître en rétablissant la faculté en général de faire des donations à cause de mort.

(1) L'art. 1083 du Code civil ajoute *ou autrement*, mais c'est une faculté qui me paraît trop étendue pour un homme qui a pris l'engagement de ne donner ses biens à nulle autre personne que le donataire.

posé de ce bien ou de cette somme, ils restent compris dans la donation.

Dans les donations à cause de mort de tout ou partie des biens présens et à venir, ou de tout ou partie des biens présens seulement, le donateur peut stipuler que le donataire ne sera tenu que de payer les dettes existantes lors de la donation, suivant l'état qui en est annexé. Dans ce cas, le donateur n'est tenu qu'au paiement des dettes énoncées en cet état, à la charge par lui de renoncer aux biens acquis postérieurement à la donation, si elle a compris les biens présens et à venir du donateur.

Dans tous les autres cas, les donataires à cause de mort sont soumis, pour l'acquittement des dettes et charges de la succession, à toutes les obligations des légataires universels ou à titre universel, auxquels ils sont assimilés en général.

Les donations à cause de mort deviennent caduques si le donateur survit au donataire et à sa postérité.

CHAPITRE V.

DES SUBSTITUTIONS (1).

On peut donner, par donation ou par testament, des biens meubles ou immeubles, à la charge par le donataire ou le

(1) La proposition du rétablissement des substitutions choquera de grands préjugés ; mais la restriction que j'y mets, en donnant aux tribunaux le droit d'ordonner l'aliénation des biens ou leur partage entre les enfans du grevé, pour causes graves et dans l'intérêt public, pourra diminuer la violence de l'opposition que je m'attends à trouver sur ce point. Il y a dans le cœur humain un sentiment des plus vifs, qui fait qu'on aime à perpétuer sa famille et à attacher la possession de certains biens à une longue suite de descendans. C'est ce qui a fait établir notre législation actuelle sur les majorats, mais qui ne peuvent être fondés qu'avec l'autorisation du Roi ; je supprime cette autorisation, qui ne sera plus nécessaire dans mon système, sauf le droit donné aux tribunaux, sur la réquisition du ministère public, de prononcer l'abolition des substitutions dans l'intérêt général.

- Si le gouvernement, par exemple, juge que les substitutions peuvent nuire dans certains pays ou dans certaines circonstances, soit par leur

légataire de le transmettre à ses descendans, de mâle en mâle, et par ordre de progéniture. C'est ce qu'on appelle *substitution* ou *majorat*.

Les biens substitués ne peuvent être aliénés ni hypothéqués par les donataires grevés de substitution ni par leurs descendans.

Néanmoins les tribunaux peuvent, par décision confirmée dans tous les degrés de juridiction, contradictoirement avec le ministère public, attribuer, sur les revenus des biens substitués, telles sommes annuelles ou pensions qu'ils jugent convenables, aux veuves, mères, frères puinés ou sœurs des donataires grevés, à titre de douaire, apanage ou alimens.

Les tribunaux peuvent même, par décision également confirmée dans tous les degrés de juridiction, autoriser ou ordonner, à la demande des intéressés, l'aliénation des biens substitués, ou le partage de ces biens entre les enfans des donataires grevés, pour causes graves ou dans l'intérêt public.

Les biens substitués peuvent être aussi remis dans le commerce et rendus aliénables, à la réquisition du ministère public, dans l'intérêt général, parties appelées, par décision également confirmée dans tous les degrés de juridiction.

trop grande multiplication, soit par toute autre cause, à l'agriculture ou au commerce, il pourra en faire poursuivre l'abolition générale ou partielle, même des plus anciennes, par le ministère public; les parties intéressées, comme les frères et sœurs exclus du partage des biens substitués, pourront aussi le demander. Reste à savoir s'il y a lieu de craindre que des tribunaux bien composés, comme je le conçois, puissent être guidés dans leurs décisions sur ces demandes ou réquisitions, par d'autres mobiles que l'intérêt public et les besoins de l'époque. Je ne le pense pas, et voilà pourquoi je propose de fondre notre législation actuelle sur les majorats dans celle que je propose pour le rétablissement des substitutions en général. Au reste c'est là une des plus hautes questions qui tiennent à la politique et au gouvernement des Etats; quant à moi, mon opinion est fixée, et j'en présente ici la conséquence.

La suppression de toutes les dispositions du chapitre VI, des donations et testamens, du Code civil, en découle naturellement.

Le ministère public est spécialement chargé de veiller à la conservation des biens substitués, dans l'intérêt des possesseurs à venir.

CHAPITRE VI (1).

DES DONATIONS ENTRE ÉPOUX

Les époux peuvent se faire, soit par contrat de mariage, soit pendant le mariage, toutes donations entre vifs ou à cause de mort qu'ils jugent convenables, conformément aux règles ci-dessus établies, sauf les modifications suivantes.

Les donations entre vifs, faites par un futur conjoint à son futur conjoint par contrat de mariage, ne sont point censées faites avec condition de survie du donataire; en cas de mort de ce dernier avant le donateur, les biens donnés passent aux héritiers ou légataires du donataire prédécédé (2).

Les donations entre vifs ou à cause de mort, faites pendant le mariage entre époux, soit simples, soit réciproques, sont toujours révocables.

Cette révocation peut avoir lieu par la femme sans l'autorisation de son mari, ni celle de la justice.

Les donations faites entre époux, soit par contrat de mariage, soit pendant le mariage, ne sont point révocables pour survenance d'enfans (3).

L'homme ou la femme, ayant des enfans d'un autre lit, qui contracte un nouveau mariage, ne peut donner, directement ni indirectement, à son nouveau conjoint, par donation entre vifs, ou à cause de mort, ou par testament, qu'une part d'enfant légitime le moins prenant, en toute propriété, ou le dou-

---

(1) Je reporte les dispositions du chapitre VII du titre des donations et testamens, au Code civil, au titre du *partage des biens communs*

(2) La disposition de l'art. 1093 du Code civil, qui vient après celle portée dans cet alinéa, ne me paraît avoir aucun objet.

(3) La disposition de l'art. 1097 du Code civil qui défend aux époux de

ble en usufruit, et sans que, dans aucun cas, ces donations puissent excéder le quart des biens.

Toute donation déguisée sous un acte à titre onéreux, ou faite à personnes interposées, contre le vœu de la disposition précédente, est nulle.

Sont réputées personnes interposées, les enfans et descendans du conjoint donataire, et les parens de ce conjoint dont il est héritier présomptif au jour de la donation (1).

TITRE IV (2).

DES CONTRATS ET OBLIGATIONS EN GÉNÉRAL.

CHAPITRE PREMIER.

DE LA NATURE DES OBLIGATIONS.

SECTION I.

NOTIONS PRÉLIMINAIRES.

On appelle *contrat* l'acte par lequel une ou plusieurs personnes s'engagent envers une ou plusieurs autres à donner, à faire ou à ne pas faire quelque chose.

Le contrat est *synallagmatique* ou *bilatéral*, lorsque les

se faire aucune donation ni testament par un seul et même acte, ne me paraît pas devoir être exprimée dans une loi; il faut s'en référer à la jurisprudence : ce point me paraît tenir seulement à une question de captation.

La disposition de l'art. 1094 ne convient plus dans mon système, où je propose l'abrogation de ce qui concerne la portion disponible.

Celle de l'art. 1075 a été reportée par moi plus haut.

(1) Le dernier membre de phrase de l'art. 1100 du Code civil me paraît surabondant.

(2) A partir de ce titre, je ne ferai plus remarquer les changemens et corrections proposés sur le Code, quoiqu'ils ne soient ni moins nombreux ni moins importans que sur les titres précédens; il suffira de la comparaison des textes, le Code à la main, pour les reconnaître

contractans s'obligent réciproquement l'un envers l'autre ou les uns envers les autres.

Il est *unilatéral*, lorsqu'une ou plusieurs personnes s'obligent envers une ou plusieurs autres, sans qu'il y ait aucun engagement de la part des personnes ou de la personne envers qui l'on est obligé.

On appelle contrat *aléatoire* celui où il y a des chances incertaines de perte ou de gain qui dépendent du hasard.

Le contrat est à *titre gratuit*, quand une personne donne quelque chose à quelqu'un par pure bienfaisance et sans en exiger en retour l'équivalent.

Le contrat est à *titre onéreux*, lorsque, dans un contrat *synallagmatique*, chacune des parties s'engage à se donner réciproquement quelque chose qui peut être regardé comme l'équivalent de l'autre.

SECTION II.

DES CONDITIONS ESSENTIELLES POUR LA VALIDITÉ DES CONTRATS.

Quatre conditions sont nécessaires pour la validité des contrats : le consentement, la capacité, un objet, une cause.

Nul n'est tenu d'exécuter une convention qui lui a été arrachée par erreur, par violence ou par dol.

L'erreur, la violence, le dol ne se présument point ; ils doivent être prouvés.

Les incapables sont en général les mineurs, les interdits, les femmes mariées.

Les incapables seuls peuvent demander la nullité de leurs obligations en se fondant sur leur incapacité ; cette incapacité ne peut être invoquée par ceux qui ont contracté avec eux.

Un contrat ne peut matériellement exister sans une chose qui en fasse l'objet.

Toute chose qui est dans le commerce ou la possession des hommes en général, au présent ou à l'avenir, peut être l'objet des contrats.

Une obligation sans cause n'est pas une obligation, mais un jeu de l'imagination.

La cause peut exister et n'être pas exprimée dans l'obligation ; dans ce cas, l'obligation n'en est pas moins valable.

Une obligation, fondée sur une cause illicite, contraire à l'ordre public ou aux bonnes mœurs, ne peut avoir aucun effet.

SECTION III.

DE L'EFFET DES OBLIGATIONS.

Les conventions légalement formées tiennent lieu de loi entre les parties.

Elles ne peuvent être révoquées que du consentement de ceux qui les ont faites.

Elles doivent être exécutées de bonne foi.

On doit, dans les conventions, rechercher quelle a été l'intention des parties, plutôt que de s'arrêter au sens littéral des termes.

Dans le doute, la convention s'interprète toujours en faveur de l'obligé.

Si la dette est d'une chose indéterminée, le débiteur n'est pas tenu de la donner de la meilleure espèce, mais il ne peut l'offrir de la plus mauvaise.

Les conventions n'ont d'effet qu'entre les parties contractantes ; elles ne peuvent nuire aux droits des tiers.

Les créanciers peuvent exercer tous les droits et actions de leur débiteur, à l'exception de ceux qui sont exclusivement attachés à sa personne.

Ils peuvent aussi attaquer tous les actes faits par leur débiteur en fraude de leurs droits.

Toute obligation de faire ou de ne pas faire se résout en dommages-intérêts, en cas de refus d'exécution de la part du débiteur.

Néanmoins le créancier peut se faire autoriser par justice à faire ou à défaire, aux frais, dépens, risques et périls du débiteur, ce que ce dernier était obligé de faire ou de ne pas faire.

Le débiteur peut être condamné à des dommages et intérêts, pour refus ou retard d'exécution de son obligation.

Les dommages et intérêts, dans ce cas, doivent être tant de la perte que le créancier a éprouvée que du gain qu'il a été privé de faire par le refus ou le retard d'exécution de l'obligation.

Ces dommages-intérêts peuvent être prononcés notamment lorsque le refus ou le retard d'exécution ont eu lieu après la mise en demeure du débiteur.

La mise en demeure résulte d'un acte extrajudiciaire signifié au débiteur, qui somme ce dernier d'exécuter son obligation.

La force majeure et tout événement indépendant de la volonté du débiteur le met à l'abri de l'action en dommages et intérêts, résultant du refus ou du retard d'exécution, à moins qu'il n'y ait eu de sa part une faute qui ait causé du préjudice au créancier.

La demande en justice fait courir les intérêts des capitaux échus.

Le montant de ces intérêts est réglé par des lois particulières, selon les temps et les circonstances.

Les intérêts des intérêts ne sont pas dus, à moins qu'il ne s'agisse d'intérêts de plus d'une année, auquel cas ils sont capitalisés, et les intérêts en courent du jour de la convention ou de la demande en justice.

Les fermages, loyers et arrérages de rentes perpétuelles ou viagères sont considérés comme des capitaux, et produisent intérêt du jour de la demande ou de la convention.

La même règle s'applique aux restitutions de fruits et aux intérêts payés par un tiers au créancier, en l'acquit du débiteur, du consentement de ce dernier.

Les rentes perpétuelles, quelle qu'en soit la cause ou l'origine, sont essentiellement rachetables moyennant le remboursement du capital par le débiteur au créancier, au taux fixé par la convention, ou, à défaut de convention, par le juge.

Il est néanmoins libre aux parties de stipuler un temps avant lequel ces rentes ne pourront être rachetées, sans que ce temps puisse excéder trente années.

SECTION IV.

DES DIVERSES ESPÈCES D'OBLIGATIONS.

Première Division.

Des obligations conditionnelles.

L'obligation est conditionnelle, lorsqu'on la fait dépendre d'un événement futur ou inconnu et incertain, soit en la suspendant jusqu'à ce que l'événement arrive, soit en stipulant qu'elle sera résiliée, selon que l'événement arrivera ou n'arrivera pas.

La condition est *casuelle*, si elle dépend d'un événement qui est indépendant de la volonté du créancier ou du débiteur.

Elle est *potestative* si elle dépend de la volonté de l'un ou de l'autre.

Les effets de la condition suspensive sont réglés par la convention ou par la nature des choses et la commune intention des parties.

Il en est de même des effets de la condition résolutoire.

La condition résolutoire est toujours sous-entendue dans les contrats synallagmatiques, pour le cas où l'une des parties manquerait à l'exécution de ses obligations.

La partie envers laquelle l'engagement n'a pas été exécuté, a le choix, dans ce cas, ou de demander la résolution du contrat, ou de forcer l'autre à son exécution, si elle est possible.

La résolution doit être demandée en justice, et le juge peut accorder des délais au débiteur selon les circonstances.

Deuxième Division.

Des obligations à terme et sans terme.

Le terme ne suspend point l'obligation; il en retarde seulement l'exécution.

Le terme est censé stipulé dans l'intérêt du créancier comme dans celui du débiteur.

Le débiteur peut être privé du bénéfice du terme par décision de la justice, en cas de déconfiture, ou de circonstances, provenant de la faute du débiteur, qui compromettent les droits des créanciers.

L'obligation pour l'exécution de laquelle il n'a pas été stipulé de terme est exigible sur-le-champ ; néanmoins il est loisible aux juges de fixer un délai, dans ce cas, selon les circonstances.

Les juges peuvent même prolonger un terme fixé par les parties, quand l'état du débiteur l'exige et que l'état du créancier le permet.

Troisième Division.

Des obligations alternatives.

L'obligation est alternative, lorsque le débiteur s'est engagé à livrer ou à faire l'une ou l'autre de deux ou plusieurs choses, à son choix, ou à celui du créancier, et qu'il est pleinement libéré en livrant ou faisant l'une ou l'autre de ces choses.

Si l'une des choses promises vient à périr avant la livraison, le débiteur ne peut se libérer en offrant le prix de celle qui a péri.

Si elles ont péri toutes deux, il doit payer le prix de celle qui a péri la dernière.

Si le choix avait été déféré au créancier, et que l'une des choses ait péri sans la faute du débiteur, le créancier doit se contenter de celle qui reste.

Si, dans le cas de l'alinéa précédent, l'une des choses a péri sans la faute du débiteur, le créancier peut demander le prix de cette chose.

Si, toujours dans le même cas, les deux ou plusieurs choses ont péri par la faute du débiteur, ou que le débiteur soit en faute seulement à l'égard d'une d'elles, le créancier peut demander le prix de l'une ou de l'autre, à son choix.

Quatrième Division.

Des obligations solidaires.

§ I.

De la solidarité entre les créanciers.

L'obligation est solidaire entre les créanciers lorsque le titre donné à chacun d'eux la faculté de demander seul le paiement total de la créance, et que le paiement fait à l'un d'eux libère entièrement le débiteur.

Le débiteur est libre de payer à l'un ou à l'autre des créanciers solidaires.

La remise de la dette, qui n'est faite que par l'un des créanciers solidaires, ne libère le débiteur que pour la part seulement de ce créancier.

§ II.

De la solidarité entre les débiteurs.

Il y a solidarité entre plusieurs débiteurs, lorsque le créancier peut exiger de chacun d'eux le paiement total de la même créance, et que le paiement fait par l'un d'eux libère entièrement tous les autres.

Le créancier d'une obligation contractée solidairement peut s'adresser à son choix à celui des débiteurs solidaires qu'il lui plaît d'attaquer, et les poursuites qu'il a faites contre l'un d'eux ne l'empêchent point d'en exercer de pareilles ensuite, ou en même temps, contre les autres.

Si la faute de l'un des débiteurs solidaires donne lieu à des dommages et intérêts en faveur du créancier, ces dommages et intérêts ne sont point dus par les autres débiteurs solidaires qui n'ont point participé à cette faute.

La demande formée contre un des débiteurs solidaires fait courir les intérêts à l'égard de tous.

Le débiteur solidaire poursuivi ne peut opposer au créancier les exceptions qui sont purement personnelles à ses codébiteurs solidaires.

Le créancier qui renonce à la solidarité envers l'un des codébiteurs solidaires, n'en conserve pas moins le droit de demander aux autres codébiteurs solidaires toute la créance, même la part de celui de qui il avait renoncé d'exiger au-delà de sa part propre.

Les codébiteurs solidaires sont tenus chacun vis-à-vis les uns des autres à la part et portion de la créance qui a été réglée entre eux par convention ou par la nature des choses; et celui qui a payé au-delà de sa part a recours contre les autres pour se faire rembourser l'excédant, soit solidairement, s'il en a été ainsi convenu, soit contre un seul d'entre eux ou contre chacun d'eux au prorata de la part et portion de chacun, selon la nature de l'obligation.

Cinquième Division.

Des obligations divisibles et indivisibles.

L'obligation est divisible ou indivisible selon qu'elle a pour objet une chose qui dans sa livraison, ou un fait qui dans son exécution, est ou n'est pas susceptible de division, soit physique, soit morale.

La solidarité n'emporte point de plein droit l'indivisibilité de la dette, ni l'indivisibilité, la solidarité; ces deux natures d'obligations sont indépendantes l'une de l'autre.

Les héritiers du débiteur ne sont tenus que chacun pour leur part et portion dans la succession, au paiement de la dette divisible; il en est autrement si la dette ou l'obligation est indivisible; dans ce cas, chacun des héritiers du débiteur de la dette indivisible peut être poursuivi par le créancier pour le tout, sauf son recours contre ses cohéritiers.

Il en est de même de ceux qui ont contracté conjointement, quoique sans solidarité, une obligation indivisible.

Chaque héritier du créancier de la dette indivisible peut en exiger seul le paiement ou l'exécution, si ses cohéritiers n'y forment opposition ; mais il ne peut faire remise de la dette , ni demander le prix au lieu de la chose que pour sa part, et si , dans ce dernier cas, un autre cohéritier demande la livraison de la chose indivisible, il doit tenir compte au débiteur de la part de celui qui en a fait remise ou en a reçu le prix.

Sixième Division.

Des obligations avec clauses pénales.

On appelle clause pénale celle par laquelle le débiteur est soumis à une peine pécuniaire, ou autre, en cas d'inexécution de son obligation.

Le débiteur n'est point dispensé de l'exécution de l'obligation par cela seul que la peine est encourue.

La peine peut être modifiée par le juge lorsque l'obligation principale a été exécutée en partie, et ce, malgré toute, stipulations contraires.

La peine peut même être modifiée dans tous les cas, lorsqu'il y a eu abus ou excès.

Septième Division.

Des Transactions.

La transaction est un contrat par lequel les parties terminent une contestation née, ou préviennent une contestation à naître.

On peut transiger sur l'intérêt civil qui résulte d'un délit.

Huitième Division.

Les autres espèces de contrats ou obligations non indiquées dans ce titre, tels que les contrats de mariage, de vente, d'échange, de louage, de société, de prêt, de change, les contrats aléatoires, ceux de dépôt et séquestre, de mandat, de gage et autres, font l'objet de titres spéciaux dans le troisième livre du Droit civil.

Neuvième Division.

Des engagemens qui se forment sans convention.

§ I.

Des quasi-contrats.

On appelle *quasi-contrat* l'obligation qui résulte de plein droit d'un fait volontaire de l'homme, et l'engage vis-à-vis d'un tiers par la seule existence de ce fait: tel est le quasi-contrat résultant de la gestion de la chose d'autrui.

Lorsqu'une personne se mêle volontairement, et sans mandat, de gérer les affaires d'un autre, il est, par ce seul fait, soumis à l'obligation de la gérer convenablement et de la mener à bien, quand même celui dont on gère la chose ignorerait cette gestion ou viendrait à décéder avant que l'affaire fût terminée.

Celui dont la chose est gérée convenablement, même à son insu, est tenu, de son côté, d'indemniser le gérant de toutes les dépenses utiles qu'il a faites pour son compte, et ne peut profiter des avantages de la gestion sans en supporter les charges et les conséquences.

Tel est encore le quasi-contrat du remboursement de la chose non due; celui qui a reçu indûment une chose, ou a reçu au-delà de ce qui lui était dû, est tenu d'en faire la restitution.

§ II

Des quasi-délits.

On appelle *quasi-délit* tout fait quelconque de l'homme, volontaire ou involontaire, qui cause à autrui un dommage, mais qui n'est point puni par les lois criminelles ou de police.

Tout fait quelconque de l'homme qui cause à autrui un dommage oblige celui par la faute duquel il est arrivé à le réparer.

On est responsable non-seulement du dommage qu'on

cause par son fait, mais encore de celui qui est causé par les personnes qu'on doit surveiller, comme des enfans, des élèves, des serviteurs, ou par les animaux qu'on possède, ou par les propriétés qu'on a, et qui ont été une cause de perte pour autrui.

CHAPITRE II.

DE L'EXTINCTION DES OBLIGATIONS.

Les obligations s'éteignent, en général, par le paiement, par la novation, par la remise de la dette, par la compensation, par la confusion, par la perte de la chose due, par la nullité, la rescision ou résolution, et par la prescription.

SECTION I.

DU PAIEMENT.

§ I.

Du paiement en général.

Ce qui a été payé sans être dû est sujet à répétition. L'erreur de calcul dans les comptes est toujours réparable.

Une obligation peut être acquittée par toute personne y ayant intérêt, tel qu'un débiteur solidaire ou une caution.

Le paiement fait par un incapable d'une somme ou d'une chose par lui due est valable.

Le débiteur ne peut forcer son créancier à recevoir en partie le paiement d'une dette même divisible.

Néanmoins, le juge peut, en prenant en considération la position du débiteur, ordonner que le paiement sera fait en plusieurs parties et par termes égaux ou inégaux.

Le paiement doit être fait au lieu fixé par la convention, et, à défaut de convention, au domicile du créancier, sauf les circonstances résultant de la nature de la dette ou de l'usage.

En matière de commerce, le paiement doit se faire au lieu où la convention a été formée.

Les frais du paiement sont à la charge du débiteur.

§ II.

Du paiement avec subrogation.

Une personne qui paie un créancier à la place du véritable débiteur, est subrogée de plein droit à tous les droits du créancier contre ce débiteur.

Si le paiement n'a été fait qu'en partie, la subrogation n'a lieu que jusqu'à concurrence du paiement qui a été fait, et le créancier peut exercer ses droits pour ce qui lui reste dû, par préférence à celui dont il n'a reçu qu'un paiement partiel.

On dit que la subrogation est conventionnelle, quand elle résulte des termes exprès d'un acte par lequel le créancier, en recevant d'un tiers le paiement de sa créance, le subroge formellement à tous ses droits contre le débiteur.

La subrogation est légale, quand elle résulte simplement des termes de la loi.

§ III.

De l'imputation des paiemens.

Le débiteur de plusieurs dettes a le droit de déclarer, lorsqu'il paie, quelle dette il entend acquitter.

Néanmoins le paiement s'impute d'abord sur les intérêts, si le capital sur lequel on fait le paiement en produit, et, dans ce cas, le paiement s'impute sur les intérêts les plus anciens.

Lorsque la quittance ne porte aucune imputation, le paiement s'impute sur la dette que le débiteur avait le plus d'intérêt à acquitter.

L'imputation se fait sur la dette échue, de préférence à toute autre, même plus onéreuse.

Entre deux dettes d'égale nature, l'imputation se fait sur la plus ancienne.

Toutes choses égales d'ailleurs, l'imputation se fait proportionnellement sur toutes les dettes du débiteur.

§ IV.

Des offres et de la consignation.

Lorsque le créancier refuse son paiement, et que le débiteur veut se libérer envers lui, ce dernier peut faire à l'autre des offres réelles, à la charge de les faire suivre de la consignation.

Les offres réelles consistent dans la présentation au créancier, au lieu où doit être fait le paiement, par le ministère de l'officier public désigné à cet effet par la loi, des deniers à payer ou de la chose à livrer.

La consignation consiste dans le dépôt des deniers, ou de la chose, entre les mains des officiers publics désignés par la loi.

La consignation doit être précédée d'une sommation au créancier de se trouver présent à la consignation.

La consignation doit être constatée tant en absence que présence du créancier dûment appelé.

Si la chose due est un corps qui doive être livré au lieu où il se trouve, le débiteur peut, après sommation au créancier, ou propriétaire de la chose, de l'enlever, la faire déposer ou consigner dans la forme qu'il est dit ci-dessus.

Les offres et la consignation ne sont valables que lorsque le débiteur est dans son droit contre le créancier.

Les offres et la consignation valablement faites libèrent le débiteur, et la chose consignée reste aux risques du créancier.

Lorsque les offres ont été indûment refusées, le juge peut en mettre tous les frais et les conséquences à la charge du créancier.

Tant que la consignation n'a point été acceptée par le créancier, le débiteur peut la retirer, mais les cautions peuvent s'y opposer.

SECTION II.

DE LA NOVATION.

Il y a novation dans les trois cas suivans :

1°. Lorsque le débiteur contracte envers son créancier une

nouvelle dette qui est substituée à l'ancienne, laquelle est éteinte ;

2°. Ou lorsqu'un nouveau débiteur est substitué à l'ancien, lequel est déchargé par le créancier ;

3°. Ou lorsqu'un nouveau créancier est substitué à l'ancien, envers lequel le débiteur se trouve déchargé.

La novation ne se présume point ; il faut que la volonté de l'opérer résulte clairement de l'acte, suivant le principe que nul n'est censé avoir renoncé à ses droits, s'il ne l'a formellement et expressément déclaré dans l'acte.

La novation par la substitution d'un nouveau débiteur peut s'opérer sans le concours du premier débiteur, qui peut ensuite invoquer la novation contre le créancier, quoiqu'il n'y ait point été présent.

On peut accepter un nouveau débiteur, sans renoncer à ses droits contre l'ancien.

Le créancier peut indiquer une autre personne pour recevoir à sa place, sans renoncer à exercer directement ses droits contre le débiteur.

La novation dans une dette éteint tous les priviléges et hypothèques qui étaient attachés à l'ancienne, sauf les conventions contraires.

La novation par la substitution d'un nouveau débiteur ne fait point passer les priviléges et hypothèques attachés à l'ancienne créance sur les biens de ce nouveau débiteur.

La novation opérée à l'égard du débiteur principal libère les cautions, sauf les conventions contraires faites d'accord avec les cautions.

SECTION III.

DE LA REMISE DE LA DETTE.

Le créancier peut faire remise de la dette au débiteur par le simple consentement, auquel cas la dette est éteinte.

La possession du titre original entre les mains du débiteur ne fait présumer la remise de la dette que lorsqu'elle est accompagnée d'indices suffisans.

La remise de la chose donnée en gage ne suffit point pour faire présumer la remise de la dette.

SECTION IV.

DE LA COMPENSATION.

La compensation a lieu lorsque deux personnes se trouvent en même temps débitrices et créancières l'une envers l'autre, et que les deux créances s'éteignent l'une par l'autre.

La compensation s'opère de plein droit, même à l'insu des débiteurs et par le seul fait de leur existence respective.

La compensation a lieu entre deux créances de quotité différente, mais seulement, dans ce cas, jusqu'à concurrence de leurs quotités respectives.

La compensation a lieu complètement et sans réserve, entre deux créances également liquides et exigibles.

Le défaut de liquidité et d'exigibilité peut être opposé par le créancier de la dette exigible au créancier de la dette non liquide ou non exigible, pour avoir droit au paiement de la créance, sans attendre que l'autre dette soit liquidée ou devenu eexigible.

La compensation n'a pas lieu dans le cas de la demande en restitution d'une chose dont le propriétaire a été dépouillé par dol ou violence du créancier, qui prétend se refuser à la restitution, sous le prétexte de compensation.

Il en est de même du cas où le propriétaire de la chose en a été dépouillé par erreur.

La compensation n'a pas lieu non plus dans le cas de la demande en restitution d'un dépôt ou d'un prêt à usage fait par le débiteur au créancier, qui ne peut le retenir sous le prétexte de compensation.

Elle n'a pas lieu enfin entre une créance saisissable et une créance insaisissable.

Le débiteur principal ne peut opposer la compensation de ce que le créancier doit à la caution; il en est autrement de la caution elle-même pour se mettre à l'abri des poursuites du créancier.

Le débiteur solidaire ne peut opposer la compensation de ce que le créancier doit à son codébiteur, que jusqu'à concurrence de la part de ce dernier dans la dette commune.

Le débiteur qui a accepté la cession des droits de son créancier à un autre, ne peut opposer au nouveau créancier la compensation d'une créance que ce débiteur a acquise postérieurement à son acceptation de la cession, contre le premier créancier.

A l'égard de la cession qui n'a point été acceptée, mais seulement signifiée au débiteur, ce dernier peut opposer la compensation des créances qu'il a acquises contre son créancier primitif, pendant tout le temps du délai qu'il avait obtenu de ce dernier, avant la signification de la cession, pour le paiement de sa dette.

La saisie-arrêt ne fait point obstacle à la compensation des créances acquises par le tiers saisi contre le débiteur saisi, postérieurement à la saisie-arrêt.

Lorsqu'il y a plusieurs dettes compensables dues par la même personne, on suit, pour la compensation, les règles ordinaires de l'imputation des paiemens.

Lorsque les deux dettes ne sont pas payables au même lieu, la compensation ne s'opère que sauf les frais de paiement particuliers à l'une d'elles.

SECTION V.

DE LA CONFUSION, DE LA PERTE DE LA CHOSE DUE, ETC.

La dette s'éteint par confusion lorsque les qualités de créancier et de débiteur se réunissent dans la même personne, par exemple, lorsque le débiteur devient seul héritier pur et simple du créancier, ou *vice versâ*.

La dette s'éteint aussi par la perte de la chose due, lorsqu'elle est d'un corps certain et déterminé, sans qu'il y ait de la faute du débiteur.

Dans ce cas, c'est au débiteur à prouver le cas fortuit ou la force majeure qu'il allègue, et il est tenu de céder au créancier tous les droits et actions qu'il peut avoir par rapport à cette chose.

Les cas d'extinction des obligations par nullité, rescision, résolution, ou autres, sont réglés par les lois ou dispositions particulières qui les concernent.

La prescription fait l'objet d'un titre spécial au troisième livre du Droit civil.

CHAPITRE III.

DE LA PREUVE.

C'est à celui qui allègue un fait à le prouver.

La preuve d'un fait, d'une obligation, ou de l'extinction d'une obligation, résulte ou d'un écrit formel : c'est ce qu'on appelle *preuve littérale;* ou d'une déclaration de témoins : c'est ce qu'on appelle *preuve testimoniale;* ou d'indices qui sont abandonnés à l'appréciation des juges : c'est ce qu'on appelle *présomptions.*

On distingue encore, dans les divers genres de preuves, l'aveu de la partie et le serment.

SECTION I.

DE LA PREUVE LITTÉRALE.

§ I.

De l'acte authentique.

On appelle *titre* ou *acte authentique* tout écrit émane d'un officier public compétent dans l'ordre des fonctions qui lui sont attribuées par la loi, et avec les formalités requises.

L'acte authentique fait foi de tout ce qu'il contient jusqu'à inscription de faux.

La partie contre laquelle un acte authentique est invoqué peut s'inscrire en faux contre tout ou partie de son contenu, en se conformant aux règles de la procédure.

§ II.

De l'acte sous seing privé.

On appelle *acte sous seing privé* tout écrit particulier qui n'est pas un acte authentique et qui est révêtu de la signature, ou seing, de l'obligé ou des obligés.

On appelle *simple billet* ou *reconnaissance* un écrit par lequel une personne reconnaît devoir à une autre une somme ou une chose quelconque, par exemple : *Je soussigné reconnais, ou Nous soussignés reconnaissons devoir à telle ou telles personnes la somme de .... pour argent prêté, ou remis tel ou tel jour, m'engageant ou nous engageant à la lui ou leur rembourser à telle époque. Paris, ce tel jour, tel mois, telle année. Signé tel.*

Le billet ou la simple reconnaissance doivent être entièrement écrits de la main du signataire obligé, et les sommes dues doivent être écrites en toutes lettres, et non en chiffres.

Si le corps du billet ou de la reconnaissance n'est pas écrit de la main du signataire obligé, ce dernier doit au moins mettre avant sa signature, ces mots : *Approuvé* ou *bon pour la somme de....* en toutes lettres, et non en chiffres.

S'il y a plusieurs signataires obligés, celui ou ceux d'entre eux qui n'ont pas écrit le corps du billet, doivent mettre, de leur propre main, le *bon* ou *approuvé pour la somme de ....* avant leur signature.

A défaut de ce *bon* ou *approuvé pour la somme de ...* en toutes lettres, le billet ou la reconnaissance peuvent être contestés sous le prétexte que le signataire a entendu signer autre chose qu'une reconnaissance, ou pour une somme moindre que celle exprimée au corps du billet.

Les juges peuvent admettre ou rejeter cette prétention, selon les circonstances.

On appelle *acte sous seing privé double*, ou *acte double*, l'écrit sous seing privé contenant des obligations synallagmatiques de la part de deux ou plusieurs parties l'une envers l'autre, et qui a été rédigé en plusieurs originaux, dont chaque partie ayant un intérêt différent, doit avoir le sien.

Par exemple : *Entre les soussignés, telle personne et telles et telles personnes* (il faut mettre les noms, prénoms, profession et demeure de chacune des personnes qu'on veut désigner), *il a été convenu ce qui suit.* On relate en termes les plus clairs et les plus précis qu'il est prossible la nature et les articles de la convention ou des conventions ; puis cet écrit est terminé par ces mots : *Fait en autant de doubles qu'il y a de parties au présent, à Paris, ce tel jour, tel mois, tel an.* Les parties signent ensuite. Celle ou celles qui n'ont pas écrit les originaux ou doubles de l'acte, de leur main, mettent de leur main propre, avant leur signature, ces mots : *Approuvé l'écriture ci-dessus* ou *les écritures ci-dessus et des autres parts.*

A défaut de date certaine dans les actes sous seing privé, les tiers peuvent prétendre qu'ils ont été anti-datés ou postdatés, pour en tirer, dans leur intérêt, telles conséquences qu'ils jugent convenable.

La date certaine résulte de l'enregistrement de ces actes par l'officier public préposé à cet effet, qui en transcrit la substance sur des registres spéciaux, dans l'ordre et au jour où ces actes lui sont présentés. Mention de la date de cet enregistrement est faite par l'officier public sur ces actes.

La date certaine peut aussi résulter de diverses circonstances, comme de la mention de l'acte sous seing privé même, non enregistré, dans un acte authentique ou enregistré, procès-verbal de scellé, inventaire ou autre, comme encore du timbre d'un bureau de poste indiquant la date où le papier a passé par ce bureau.

Elle peut encore résulter de la mort de la personne ou de l'une des personnes qui ont écrit ou signé cet acte, en prouvant qu'il est antérieur à la mort de cette personne.

§ III.

Des livres de commerce et autres moyens de preuve.

Les registres, livres ou journaux usités dans le commerce, que les marchands, négocians et tout commerçant sont tenus d'avoir pour le bon ordre et la régularité de leur négoce, et où ils mentionnent jour par jour, mois par mois, la nature, l'espèce et les articles de leurs ventes , achats, paiemens à faire, sommes à recevoir et autres affaires, forment des présomptions qui sont abandonnées à la sagesse des juges, soit pour ceux qui les présentent à l'appui de leurs demandes, soit contre eux.

On peut tirer des indices, preuves, ou présomptions de tous écrits, lettres, notes ou mentions, émanés de celui à qui on les oppose. Les écrits qui n'emportent pas la preuve complète sont appelés *commencemens de preuve par écrit.*

L'écriture mise au dos, en marge ou à la suite d'un titre par le créancier, fait foi, quoique non signée ni datée par lui, lorsqu'elle tend à établir la libération totale ou partielle du débiteur.

Les tailles corrélatives à leurs échantillons, dont on fait usage pour constater les fournitures dans certains lieux ou dans certains commerces, sont aussi des moyens de preuve.

Les copies d'un titre original qui est perdu peuvent servir à prouver l'existence de ce titre et de son contenu, selon les circonstances, notamment si elles sont anciennes et qu'il ne puisse y avoir de doute sur leur véracité ou leur authenticité.

On appelle *actes recognitifs* ceux par lesquels un débiteur reconnaît l'existence d'un titre primordial ou d'une obligation préexistante, et *actes confirmatifs* ceux par lesquels une personne confirme ou ratifie une obligation prise par lui, ou, en son nom, par un autre.

Ces actes sont soumis à toutes les conditions des actes ordinaires authentiques ou sous seing privé.

SECTION II.

DE LA PREUVE TESTIMONIALE ET DES PRÉSOMPTIONS EN GÉNÉRAL.

§ I.

De la preuve testimoniale.

La preuve testimoniale ne fait que suppléer au défaut de

preuve par écrit, parce que le témoignage des hommes est incertain et peut induire les juges dans l'erreur par la fraude, la corruption, le mensonge, l'oubli ou le rapport incomplet des circonstances.

Il doit être passé acte sous seing privé ou devant notaire de toute espèce de conventions, pour éviter que l'une ou l'autre partie n'en nie l'existence ou ne la subordonne à d'autres conditions que celles convenues.

Néanmoins les juges peuvent toujours admettre la preuve testimoniale lorsqu'ils soupçonnent la mauvaise foi.

Ils doivent l'admettre dans tous les cas où il a été impossible au créancier de se procurer un titre par écrit, comme, par exemple, lorsqu'il s'agit d'un délit ou quasi délit, d'un dépôt nécessaire fait en cas d'incendie, trouble ou naufrage, de dépôts d'usage faits par les voyageurs dans les hôtelleries, d'achats d'usage dans les boutiques de marchands en détail, ou lorsque le créancier a perdu son titre par cas fortuit ou force majeure.

Le commencement de preuve par écrit autorise surtout les juges à admettre la preuve testimoniale pour chercher le complément de la preuve.

§ II.

Des présomptions en général.

On distingue les présomptions légales de celles qui n'appartiennent qu'à l'homme ou au juge.

Les présomptions légales sont celles que la loi admet de plein droit pour entraîner la preuve complette de certains faits ou de certaines obligations. Telle est la présomption qui résulte de la chose jugée, et qui fait dire que la chose jugée passe pour la vérité quand même le contraire serait vrai.

Les présomptions qui ne sont pas établies par la loi sont abandonnées aux lumières et à la prudence des magistrats.

SECTION III.

DE L'AVEU ET DU SERMENT.

§ I.

De l'aveu.

Il y a aveu d'une partie lorsque dans un acte judiciaire ou extrajudiciaire elle avoue un fait allégué contre elle.

L'aveu est judiciaire quand il est fait en justice, et extrajudiciaire lorsqu'il est fait en dehors des actes d'un procès.

Le tribunal peut ordonner la comparution des parties en personne devant lui, à l'effet de chercher la preuve des faits allégués, dans leurs aveux ou dans leurs réponses aux questions qui leur seront adressées.

L'aveu fait foi contre celui qui l'a fait, non par erreur sur la vérité.

L'aveu est indivisible, lorsque toutes ses parties dépendent l'une des autres.

§ II.

Du serment.

Le serment judiciaire, ou prêté en justice, est de deux espèces :

1°. Celui qu'une partie défère à l'autre pour en faire dépendre le jugement de la cause; on l'appelle *serment décisoire*, et il peut être référé, par la partie à qui il est offert, à celle qui l'offre;

2°. Celui que le juge défère d'office à l'une ou à l'autre des parties.

Le serment décisoire peut être déféré, ou référé d'une partie à l'autre, sur quelque espèce de contestation que ce soit, mais le juge est libre de le rejeter ou de l'admettre de la part d'une partie ou de l'autre.

Lorsqu'une partie a déclaré qu'elle était prête à prêter le serment qui lui était déféré ou référé par son adversaire, celui-ci ne peut plus se rétracter.

Celui qui refuse de prêter le serment décisoire qui lui est déféré ou référé, avec l'approbation du juge, doit succomber dans ses prétentions.

Lorsque le serment décisoire a été prêté, l'adversaire qui l'a déféré ou référé, ne peut plus être admis à en prouver la fausseté.

Le serment ne fait preuve que du fait sur lequel il a été déféré ou référé.

Le juge, à défaut de preuves suffisantes pour décider la contestation, peut déférer d'office le serment à l'une ou à l'autre des parties pour en faire dépendre en tout ou partie le jugement du procès.

Le serment déféré d'office à l'une des parties par le juge ne peut être référé par celle-ci à l'autre.

Les effets du refus de prêter serment par la partie à qui le juge l'a déféré d'office sont réglés par le juge.

Le serment doit être prêté dans la forme suivante:

La partie appelée à prêter serment lève la main nue au ciel, en disant : *Je jure devant Dieu que je vais dire la vérité ;* puis elle ajoute ce qui est réglé par le juge.

LIVRE TROISIÈME.

—

DES MODIFICATIONS DE LA PROPRIÉTÉ ET DES CONVENTIONS.

TITRE PREMIER.

DES CONTRATS DE MARIAGE.

Les contrats de mariage sont les conventions qui résultent tacitement entre époux du seul fait du mariage, ou qui sont faites expressément par eux avant le mariage.

La convention générale qui résulte de plein droit entre les époux du seul fait du mariage, lorsqu'ils ne sont pas expressément convenus du contraire avant le mariage, est qu'il y a communauté de biens entre eux pendant toute la durée de ce mariage.

Les époux peuvent déroger à ce droit de communauté, ou le modifier de toutes les manières qu'il leur convient, sauf les exceptions portées par la loi.

Les conventions spéciales faites par les époux avant le mariage, doivent être rédigées, avant la célébration du mariage, dans la forme la plus solennelle des actes notariés.

Il ne peut être fait, aux conventions matrimoniales ainsi dressées, aucuns changemens après le mariage.

Les contrats de mariage sont nuls si le mariage ne s'ensuit pas.

CHAPITRE PREMIER.

DU RÉGIME DE LA COMMUNAUTÉ.

La communauté s'établit par le seul fait du mariage, ou par la déclaration que les futurs époux font, dans leur contrat de

mariage, qu'ils veulent se marier sous le régime de la communauté.

SECTION I.

DE L'ACTIF, DU PASSIF ET DE L'ADMINISTRATION DE LA COMMUNAUTÉ.

§ I.

De l'actif de la communauté.

La communauté se compose activement:

1°. De tous les meubles appartenant aux époux lors de la célébration du mariage, ou qui leur échoient pendant le mariage
par succession, donation ou testament, excepté lorsque le donateur ou testateur a exprimé le contraire;

2°. De l'usufruit des biens propres à chacun des deux époux,
et non tombés dans la communauté;

3°. Des immeubles achetés par les époux, ou l'un d'eux,
pendant le mariage, excepté lorsque ces immeubles n'ont été
achetés qu'en remploi des immeubles propres à l'un des deux
époux précédemment aliénés, ou en vertu d'une clause spéciale du contrat de mariage qui aurait exclu formellement cette
acquisition des conquêts de communauté.

Les immeubles qui appartenaient aux époux avant le mariage,
ou qui leur échoient pendant le mariage par succession, donation ou testament, ne tombent point dans la communauté, à
moins que le contraire n'ait été formellement exprimé dans le
contrat de mariage, ou par les donateur ou testateur.

§ II.

Du passif de la communauté.

La communauté se compose passivement:

1°. De toutes les dettes personnelles à chacun des époux
avant le mariage;

2°. Des dettes dont sont grevées les successions qui échoient aux époux pendant le mariage, jusqu'à concurrence de la valeur du mobilier provenant de ces mêmes successions, qui tombe dans la communauté ;

3°. De toutes les dettes contractées par le mari pendant la communauté, ou par la femme, du consentement du mari, sauf récompense et indemnité en faveur de l'un des époux pour les dettes qui ont tourné au profit spécial des biens exclusivement personnels à l'autre ;

4°. Du service des rentes ou des intérêts des dettes purement personnelles à chacun des deux époux;

5°. Des charges usufructuaires des biens propres aux époux, dont la communauté a l'usufruit;

6°. Des alimens des époux, de l'éducation et de l'entretien des enfans, ainsi que de toute autre charge naturelle du ménage.

Toute dette, personnelle à la femme et non tombée dans la communauté, ne peut être poursuivie sur les biens de la communauté, mais seulement sur la nue propriété des biens personnels à la femme, tant que la communauté n'est point dissoute, sauf l'exercice ordinaire des droits des créanciers d'une succession échue à la femme sur les biens meubles ou immeubles provenant de cette succession.

Toute dette de la communauté, pour laquelle la femme ne s'est point obligée personnellement et solidairement avec le mari, ne peut être poursuivie pendant la communauté sur les biens personnels de la femme.

§ III.

De l'administration de la communauté.

Le mari est seul maître et administrateur des biens de la communauté; il peut les vendre, hypothéquer et aliéner à sa volonté, sans le concours de la femme.

Néanmoins il ne peut disposer à titre gratuit des biens meubles ni immeubles de la communauté, sans le consentement de la femme, qu'à titre rémunératoire et pour des sommes modiques seulement.

Le legs fait par le mari ne peut excéder sa part dans la communauté, ni donner aucun droit spécial au légataire sur tel ou tel bien meuble ou immeuble de la communauté désigné par le mari.

SECTION II.

DE LA DISSOLUTION, DE L'ACCEPTATION, DE LA RÉPUDIATION ET DU PARTAGE DE LA COMMUNAUTÉ.

§ I.

De la dissolution de la communauté.

La communauté se dissout, 1° par la mort naturelle ou civile de l'un des époux, 2° par le divorce ou la séparation de corps, 3° par la séparation de biens prononcée en justice.

§ II.

De l'acceptation de la communauté.

Après la dissolution de la communauté, la femme ou ses héritiers ont le droit de l'accepter ou de la répudier ; toute convention contraire est nulle.

La femme qui accepte la communauté a droit au partage des biens qui la composent, et est tenue de supporter les charges qui la grèvent, soit par moitié, soit dans les proportions qui ont été réglées par le contrat de mariage.

L'acceptation doit être faite par une déclaration expresse de la femme ou de ses héritiers au greffe du tribunal du lieu de la succession du mari.

Cette déclaration doit être faite dans le délai de trois mois, à compter du jour du décès du mari, plus le temps de faire inventaire des biens de la communauté, et quarante jours après la clôture de cet inventaire, pour donner le temps à la femme, ou à ses héritiers, d'examiner les charges de la communauté et délibérer s'ils doivent l'accepter ou la répudier.

La femme ou ses héritiers peuvent être déclarés avoir accepté la communauté, dans tous les cas où un héritier peut être déclaré héritier pur et simple vis-à-vis des biens qu'il est appelé à recueillir par succession.

Ils peuvent être également restitués contre leurs acceptations, dans les mêmes cas que l'héritier pur et simple peut l'être contre la sienne.

La veuve a droit pendant les trois mois et quarante jours qui lui sont accordés pour faire inventaire et délibérer, soit qu'elle accepte, soit qu'elle répudie la communauté, à prendre sa nourriture et celle de ses gens, sur les provisions existantes, ou, à défaut, par emprunt au compte de la masse commune, à charge d'en user modérément, ainsi que droit d'habitation dans la maison qui était l'habitation commune.

Ce droit n'appartient point aux héritiers de la veuve.

§ III.

Du partage de la communauté.

Après l'acceptation de la communauté, le partage de l'actif et du passif entre le mari et la femme, ou leurs héritiers, se fait de la manière qui a été réglée au contrat de mariage, ou, à défaut de conventions spéciales, de la manière suivante :

Première Division.

Du partage de l'actif.

La masse active de la communauté se compose, 1° des biens existant en nature dans la communauté; 2° des créances actives dues à la communauté par des tiers; 3° des récompenses dues par les époux à la communauté, pour toute somme ou valeur prise sur les biens de cette communauté, pour acquitter des dettes ou charges purement personnelles à l'un des époux, tel que serait le cas où les deniers de la communauté auraient été employés à l'achat d'un immeuble exclusivement propre à l'un des époux, ou lorsqu'ils ont été employés à la conservation ou à l'amélioration d'un tel immeuble.

Avant de procéder au partage de la masse active, chacun des époux prélève le prix des biens appartenant à lui personnellement qui ont tourné au profit de la communauté, ou qui ont été aliénés pendant la communauté et pour lesquels il n'a point été fait de remploi.

Le remploi est l'acquisition qui a été faite, par achat ou échange, d'un bien meuble ou immeuble, en remplacement du bien propre à l'un des époux précédemment aliéné.

Le remploi n'est parfait pour les biens propres à la femme, que lorsqu'elle l'a reconnu tel, sans fraude de la part du mari.

Les prélèvemens de la femme s'exercent d'abord et avant ceux du mari.

En cas d'insuffisance des biens de la communauté, la femme ou ses héritiers exercent leurs droits et reprises sur les biens personnels du mari.

Les reprises du mari ne peuvent s'exercer que sur les biens de la communauté.

Après le prélèvement des droits et reprises matrimoniales de chacun des deux époux, ce qui reste des biens de la communauté se partage par moitié entre eux ou leurs héritiers.

Deuxième Division.

De la contribution aux dettes.

Les dettes de la communauté sont pour moitié à la charge de chacun des deux époux.

La femme n'est tenue des dettes de la communauté, soit à l'égard du mari, soit à l'égard des créanciers, que jusqu'à concurrence de son emolument.

Le mari est tenu de la totalité des dettes de la communauté vis-à-vis des créanciers, sauf son recours contre la femme pour sa part et portion.

La femme obligée personnellement, et non comme gérant la communauté au nom du mari, à une dette de la communauté, peut être poursuivie pour la totalité de cette dette, sauf son recours en contribution contre le mari.

Les frais du deuil de la femme sont à la charge des héritiers du mari.

§ IV.

De la répudiation de la communauté.

La répudiation de la communauté, par la femme ou ses héritiers, doit être faite dans les mêmes délais et au même lieu qu'il a été dit pour l'acceptation.

La femme renonçante perd tout droit sur les biens de la communauté, même ceux entiers de son chef; elle retire seulement les linges et hardes à son usage. Elle a droit aussi à son deuil.

Ces droits sont purement personnels à la femme et ne passent point à ses héritiers.

La part de l'un des héritiers de la femme renonçant du chef de cette dernière à la communauté n'accroît point à ses cohéritiers acceptant; elle revient au mari.

La femme renonçante a droit de reprendre les biens à elle propres non tombés dans la communauté, le prix de ses biens propres aliénés non remployés et toutes les indemnités et récompenses qui peuvent lui être dues par la communauté.

Elle peut exercer ces actions et reprises tant sur les biens personnels du mari que sur ceux de la communauté.

La femme renonçante est déchargée de toute contribution aux dettes de la communauté, sauf les droits des créanciers pour celles auxquelles elle est personnellement obligée.

CHAPITRE II.

DE LA SÉPARATION DE BIENS.

La séparation de biens résulte entre les époux soit du contrat de mariage, soit d'un jugement prononcé en justice.

La séparation de biens peut être demandée en justice par la femme toutes les fois que la mauvaise gestion et le désordre des affaires du mari font craindre que les biens propres de la femme ne soient compromis.

La séparation de corps prononcée en justice emporte la séparation de biens.

Les créanciers personnels de la femme ne peuvent demander en son nom la séparation de biens.

La femme séparée de biens a la libre administration de ses biens ; elle ne peut néanmoins les aliéner ni hypothéquer sans l'autorisation de son mari, ou, à son défaut, sans l'autorisation de la justice.

La femme séparée de biens doit contribuer dans les proportions de sa fortune, et même pour le tout, si le mari n'a aucuns biens, aux charges naturelles du ménage.

La communauté dissoute par la séparation soit de corps, soit de biens, prononcée en justice, peut être rétablie, du consentement des époux, aux mêmes termes que ceux qui ont été convenus par le contrat de mariage, mais non autrement.

CHAPITRE III.

DU RÉGIME DOTAL.

On appelle régime dotal celui où la femme apporte pour dot en mariage des biens qui sont inaliénables pendant toute la durée de ce mariage.

Le régime dotal frappe tous les biens présens et à venir de la femme, si les époux ont simplement déclaré qu'ils se mariaient sous le régime dotal.

Dans ce cas, les biens acquis pendant le mariage appartiennent à ceux des époux au nom de qui ils l'ont été.

Le mari seul a l'administration des biens dotaux pendant le mariage.

En cas de malversation, la femme peut le faire priver par justice de cette administration qui, dans ce cas, lui appartient.

Les biens dotaux ne peuvent être aliénés ni hypothéqués pendant le mariage par la femme, même marchande publique, ni par le mari, ni par tous deux conjointement.

Néanmoins la femme peut demander en justice l'autorisation d'aliéner ou hypothéquer tout ou partie des biens dotaux soit pour l'établissement des enfans communs ou autres, soit pour tirer son mari ou elle-même de prison, soit pour fournir des alimens à la famille, soit dans tous les cas où l'intérêt évident des époux paraît l'exiger impérieusement.

CHAPITRE IV.

DES DIVERSES MODIFICATIONS QUI PEUVENT ÊTRE APPORTÉES AU RÉGIME DE LA COMMUNAUTÉ ET AU RÉGIME DOTAL.

Les époux peuvent apporter par contrat de mariage toutes les modifications qu'ils jugent à propos aux règles précédemment établies sur le régime de la communauté et le régime dotal, sauf les exceptions qui peuvent être portées par les lois.

Par exemple, les époux peuvent par contrat de mariage réduire la communauté à tout ou partie des acquêts à faire par le mari pendant le mariage, en excluant les biens que les époux possédaient au jour du mariage. Ils peuvent aussi ne faire tomber dans la communauté qu'une partie du mobilier qu'ils possédaient au jour du mariage.

Ils peuvent faire entrer dans la communauté tout ou partie de leurs biens immeubles présens ou à recueillir par succession, donation ou testament : c'est ce qu'on appelle *ameublissement*.

Ils peuvent convenir que leurs dettes personnelles au jour du mariage, ou pendant toute sa durée, ne seront point à la charge de la communauté, auquel cas le tout est réglé à l'égard des créanciers comme dans les sociétés ordinaires entre personnes non mariées.

Il peut être convenu que l'époux survivant aura droit de prélever, avant tout partage, une certaine somme ou une certaine quantité de biens en nature, soit sur la masse partageable de la communauté, soit sur les biens personnels de l'époux prédécédé. C'est ce qu'on appelle *préciput conventionnel.*

Les époux peuvent aussi stipuler qu'ils auront des parts inégales dans le partage de la communauté.

Ils peuvent stipuler que l'un des époux ou ses héritiers ne pourront prétendre qu'à telle somme détermniée pour tout droit à la communauté, à titre de forfait, après le paiement des dettes.

Les époux peuvent aussi déclarer simplement qu'ils se marient sans communauté, auquel cas le mari a l'administration des biens de la femme, comme il est dit pour les biens dotaux.

Le régime dotal peut ne frapper que les biens présens apportés en dot par la femme, ou seulement une partie de ces biens présens, ou seulement les biens à venir, ou seulement une partie des biens à venir qui doivent échoir à la femme.

Les biens de la femme non dotaux ou non frappés d'inaliénabilité, sous le régime dotal, sont appelés *paraphernaux*.

La femme mariée sous le régime dotal a l'administration de ses biens paraphernaux, sauf les conventions contraires arrêtées par le contrat de mariage.

TITRE II.

DE LA VENTE.

CHAPITRE PREMIER.

DE LA VENTE DES CORPS CERTAINS.

SECTION I.

DE LA VENTE EN GÉNÉRAL.

La vente est une convention par laquelle l'un s'oblige à livrer une chose, et l'autre à la payer.

La promesse de vente vaut vente.

La promesse de vente faite avec arrhes peut être rétractée, celui qui les a données en les perdant, et celui qui les a reçues en en rendant le double.

Le prix de la vente peut être laissé à l'arbitrage d'un tiers (1).

En fait de meubles, la possession vaut titre, sauf la preuve contraire.

SECTION II.

DES OBLIGATIONS DU VENDEUR.

Le vendeur est tenu à deux obligations principales : celle de délivrer et celle de garantir.

§ I.

De la délivrance.

La délivrance est la remise effective de la chose vendue en la possession de l'acheteur.

Le vendeur n'est pas tenu de délivrer, quand même il aurait accordé un délai pour le paiement, si, depuis la vente, l'acheteur est tombé en faillite, et qu'il y ait danger de perdre la chose et le prix.

Les fruits appartiennent à l'acquéreur du jour où la mise en possession a dû avoir lieu.

Le vendeur est tenu de délivrer la contenance portée au contrat, sous les modifications suivantes.

Si la vente d'un immeuble a été faite à raison de tant la mesure, le vendeur est obligé de livrer la quantité de mesures exprimées au contrat, ou de souffrir une diminution propor-

---

(1) Il doit y avoir seulement lieu à annulation de l'adjudication faite au profit des tuteurs et mandataires dans les cas de l'art. 1596 du Code civil, s'il y a fraude ou même simplement faute et matière à reproche.

La disposition des deux derniers alinéas de cet article et celle de l'art. suivant appartiennent au droit public, si elles doivent être conservées d'une manière absolue.

Je ne vois pas qu'il doive être défendu de vendre ses droits éventuels à une succession. Il doit seulement y avoir lieu à rescision pour cause de lésion en cas de vilité du prix.

tionnelle du prix, au choix de l'acquéreur qui peut même, à défaut de délivrance, demander l'annulation de la vente.

Si, au contraire et dans le même cas, une contenance plus grande a été délivrée, l'acquéreur est tenu de fournir un supplément de prix ou de renoncer à la vente.

Dans tous les autres cas, la différence en plus ou en moins entre la contenance exprimée et la contenance délivrée ne donne lieu à aucune augmentation ni diminution de prix, à moins que cette différence ne soit d'un vingtième au moins, eu égard à la totalité des objets vendus même divisément, mais par le même contrat, avec le droit au choix de l'acquéreur de se désister de la vente, en cas qu'il y ait lieu à l'augmentation du prix.

L'action en supplément, en diminution de prix ou en résiliation, dans le cas des alinéas précédens, doit être intentée dans l'année, à compter du jour de la délivrance, à peine de déchéance. Ce délai court contre toutes personnes, même les mineurs et les interdits. Néanmoins, les parties peuvent être relevées de sa rigueur par le juge.

§ II.

De la garantie.

La garantie que le vendeur doit à l'acquéreur a deux objets : le premier est la possession paisible de la chose vendue ; le second, les défauts cachés de cette chose ou les vices rédhibitoires.

Première Division.

De la garantie en cas d'éviction.

Encore bien que cette garantie n'ait pas été stipulée dans le contrat, le vendeur est obligé de droit à garantir l'acquéreur de l'éviction qu'il souffre dans la totalité ou partie de l'objet vendu, pour le cas où des tiers prétendraient à des droits quelconques, non déclarés lors de la vente, sur l'objet vendu.

Toutefois le vendeur peut stipuler qu'il ne sera pas soumis à cette garantie.

En cas d'éviction, lorsque l'acquéreur n'a pas renoncé à toute garantie, le vendeur est tenu à la restitution totale ou partielle du prix, selon que l'éviction a été partielle ou totale, et à tous les dommages qui ont pu en résulter pour l'acquéreur de manière à le rendre indemne de toutes réparations, améliorations et dépenses faites de bonne foi, et non par faute grossière.

En cas d'éviction partielle, l'acquéreur peut demander la résiliation de la vente, si l'éviction est de telle nature, qu'il soit évident qu'il n'eût pas acheté sans la partie dont il est évincé.

Lorsque l'éviction partielle n'entraîne pas la résiliation de la vente, le remboursement du prix n'a lieu que jusqu'à concurrence de la valeur de la partie dont l'acquéreur est évincé, d'après l'estimation au jour de l'éviction, soit que la chose vendue ait augmenté ou diminué de valeur.

La garantie pour cause d'éviction cesse lorsque l'acquéreur s'est laissé condamner par un jugement en dernier ressort sans appeler son vendeur, si celui-ci prouve qu'il existait des moyens suffisans pour faire rejeter la demande en éviction.

Deuxième Division.

Des vices rédhibitoires.

Le vendeur est tenu de la garantie à raison des défauts cachés de la chose vendue, qui la rendent impropre à l'usage auquel on la destine, ou qui diminuent tellement cet usage, que l'acheteur ne l'aurait pas acquise, ou n'en aurait donné qu'un moindre prix, s'il les avait connus.

Le vendeur n'est pas tenu des vices apparens et dont l'acheteur a pu se convaincre lui-même.

Il est tenu des vices cachés, quand même il ne les aurait pas connus, à moins qu'il n'ait stipulé sa libération de toute garantie.

En cas de l'exercice de la garantie, l'acheteur a le choix ou de rendre la chose en se faisant restituer le prix, ou de la garder en se faisant rendre une partie du prix, à dire d'experts.

Si le vendeur connaissait les vices de la chose, il est tenu en outre de tous les dommages et intérêts envers l'acheteur.

S'il ignorait les vices de la chose, il n'est tenu qu'à la restitution ou diminution du prix, et à rembourser, en cas de résiliation sur la demande de l'acquéreur, tous les frais occasionés à ce dernier par la vente.

En cas d'ignorance de vices cachés de la part du vendeur, la perte de la chose par cas fortuit est à la charge de l'acquéreur.

L'action résultant des vices rédhibitoires doit être intentée par l'acquéreur dans le plus bref délai, à peine de déchéance. Ce délai est réglé, suivant la nature de la chose, par les usages des lieux où la vente a été faite.

Cette action n'a pas lieu dans les ventes faites par autorité de justice.

SECTION III.

DES OBLIGATIONS DE L'ACHETEUR.

La principale obligation de l'acheteur est de payer le prix, au jour et au lieu où doit se faire la délivrance, à moins de conventions spéciales.

Les frais d'acte de la vente et autres accessoires sont à la charge de l'acheteur.

L'acheteur doit l'intérêt de son prix jusqu'au paiement du capital, du jour de son entrée en jouissance.

Si l'acquéreur est troublé ou a juste raison de craindre de l'être dans la propriété ou possession de la chose vendue, il peut suspendre le paiement jusqu'à ce que le vendeur ait fait cesser le trouble ou la juste crainte du trouble, à moins de conventions contraires.

Si l'acheteur ne paie pas le prix, le vendeur peut demander la résolution de la vente.

En cas de non-paiement du prix, le juge peut, avant de prononcer la résolution, accorder un délai à l'acquéreur pour ce paiement.

SECTION IV.

DE LA FACULTÉ DE RACHAT.

La faculté de rachat ou de réméré est celle qui résulte d'un pacte par lequel le vendeur se réserve de reprendre la chose vendue, moyennant la restitution du prix principal, des frais et loyaux coûts de la vente, et des dépenses faites pour les réparations nécessaires ou l'augmentation réelle de valeur du fonds objet de la vente

La faculté de rachat peut être stipulée pour le temps qu'il convient aux parties de fixer; mais le juge peut toujours diminuer ou prolonger le terme convenu, selon les circonstances.

Lorsque le vendeur rentre dans son héritage, il le reprend libre de toutes charges et hypothèques dont l'acquéreur l'aurait grevé; mais il est tenu d'exécuter les baux de simple administration, faits sans anticipation et sans fraude par l'acquéreur.

SECTION V.

DE LA RESCISION DE LA VENTE POUR CAUSE DE LÉSION.

Si le vendeur a été lésé de plus de moitié dans le prix d'un bien meuble ou immeuble, il y a présomption légale d'erreur restituable de sa part, et il a droit de demander la rescision de la vente, malgré toute stipulation contraire.

L'estimation de la chose vendue est faite au jour et à l'heure de la vente.

La demande n'est plus recevable après l'expiration de six mois pour les biens meubles et de deux ans pour les immeubles, à compter du jour de la vente. Ce délai court contre toutes personnes : néanmoins le vendeur peut être relevé de sa rigueur par le juge.

Dans les cas où l'action en rescision est admise, l'acquéreur a le droit ou de garder la chose en payant le supplément de prix fixé par le juge, ou de rendre la chose en se faisant restituer le prix qu'il avait payé, ainsi que les frais et loyaux coûts.

de la vente, avec les dépenses pour réparations et augmentation de valeur faites de bonne foi.

La rescision pour lésion d'outre-moitié peut être exercée
par l'acheteur comme par le vendeur.

CHAPITRE II.

DU TRANSPORT DES CRÉANCES ET AUTRES DROITS INCORPORELS.

Dans le transport d'une créance, d'un droit ou d'une action
sur un tiers, le cessionnaire n'est saisi à l'égard du tiers que
lorsque ce dernier a reçu connaissance formelle du transport.

Si avant d'avoir eu connaissance du transport, le tiers a
payé au cédant, il est valablement libéré.

Entre deux ou plusieurs transports faits par le cédant à deux
ou plusieurs cessionnaires différens, celui-là des cessionnaires
est saisi qui le premier a fait signifier authentiquement son
transport au tiers cédé.

La vente ou cession d'une créance comprend tous les accessoires de cette créance, tels que cautions, priviléges et hypothèques.

Celui qui vend une créance ou un droit quelconque, doit
en garantir l'existence au temps de la cession, encore que le
transport eût été fait sans garantie.

Le cédant ne répond de la solvabilité du débiteur survenue
postérieurement à la cession que lorsqu'il s'y est engagé, mais
il répond de l'insolvabilité antérieure, à moins que le contraire ne soit stipulé.

Il ne répond en aucun cas au-delà du prix qu'il a retiré de
la créance.

Celui contre qui l'on a cédé un droit litigieux peut évincer
le cessionnaire en lui remboursant le prix réel de la cession
avec les frais et loyaux coûts du transport et les intérêts qui
ont été supportés par le cessionnaire.

TITRE III.

DE L'ÉCHANGE.

L'échange est un contrat par lequel les parties se donnent respectivement une chose pour une autre qui ne sont point une somme d'argent de la part de l'un et un bien en nature de la part de l'autre.

Toutes les règles contenues au titre du contrat de vente sont applicables à l'échange.

TITRE IV.

DU LOUAGE.

On distingue le louage des choses et celui de l'industrie.

Le louage des choses est un contrat par lequel une personne donne une chose dont elle est propriétaire à une autre pour l'en faire jouir pendant un certain temps moyennant un certain prix.

Le louage d'industrie est un contrat par lequel une personne donne son temps à une autre pour faire de l'ouvrage au profit de cette dernière moyennant un prix convenu entre elles.

On appelle *bail à loyer* le louage des maisons et des biens meubles; *bail à ferme*, celui des fonds ruraux; *loyer*, celui de l'industrie, du travail et des services personnels; *bail à cheptel*, celui des animaux pour les garder, les nourrir et les soigner sous les conditions convenues entre les parties.

On appelle *bail à long terme* celui dont la durée excède neuf années, par opposition aux baux de simple administration qui ne peuvent excéder ce temps, et *bail emphytéotique* celui dont la durée est de quatre-vingt-dix-neuf ans ou au-delà.

On appelle enfin *affrétement* ou *nolissement* le bail des navires.

CHAPITRE PREMIER.

DU LOUAGE DES CHOSES.

§ I.

Des obligations du bailleur.

On appelle *bailleur* celui qui donne, et *preneur* celui qui prend à bail.

Les principales obligations du bailleur sont d'entretenir la chose louée en état de servir à l'usage pour lequel elle a été louée et d'en faire jouir paisiblement le preneur pendant la durée du bail.

Le bailleur est tenu de délivrer la chose en bon état de réparations de toute espèce.

Il est tenu pendant la durée du bail aux grosses réparations définies par l'usage. Telle est, par exemple, la reconstruction ou réparation de gros murs, des poutres et des toitures, le curement des puits et des fosses d'aisance, et en général toute réparation à faire par suite de vétusté ou force majeure.

Le bailleur est tenu à la garantie des vices cachés de la chose, connus ou inconnus de lui, qui en empêchent l'usage ou causent quelque perte au preneur qu'il est tenu, dans ce dernier cas, d'indemniser.

La destruction totale de la chose par cas fortuit, pendant la durée du bail, donne lieu seulement à la résiliation du bail sans dédommagement de part ni d'autre; sa destruction partielle donne lieu seulement à la diminution du prix du bail ou à la résiliation, au choix du preneur.

Le bailleur ne peut, pendant la durée du bail, changer la forme de la chose louée.

Si, durant le bail, la chose louée a besoin de réparations urgentes à la charge du bailleur et qui ne puissent être différées jusqu'à la fin de la jouissance, le preneur doit les souffrir, quelque incommodité qu'elles lui causent, et encore qu'elles le privent de la chose louée pendant qu'elles se font. Mais si ces réparations durent trop long-temps suivant ce qui est fixé par l'usage, le preneur a droit à une indemnité proportionnelle; il a même droit à la résiliation du bail, dans le même cas, si les lieux sont entièrement rendus inhabitables pour lui et sa famille.

§ II.

Des obligations du preneur.

Les principales obligations du preneur sont d'user de la chose en bon père de famille suivant la destination qui lui a été donnée par le bail ou qui est présumée par les circonstances, et de payer le prix du bail aux termes convenus.

Le preneur est tenu de garnir les lieux loués de meubles suffisans ou de donner caution pour répondre du paiement des loyers aux termes convenus ou d'usage; sinon le bailleur peut demander la résiliation du bail.

Le preneur est tenu de rendre la chose, à la fin de la jouissance, dans l'état où il l'a reçue, sauf ce qui a été détruit ou dégradé par vétusté ou force majeure.

A défaut d'état de lieux dressé avant l'entrée en jouissance, il est censé les avoir pris en bon état de réparations locatives, sauf la preuve contraire.

Les réparations locatives dont le preneur est tenu sont définies par l'usage; telles sont, par exemple, les réparations à faire aux âtres, cheminées, pavés, carreaux, vitres, croisées, portes, cloisons et serrures, cassés, détériorés ou détruits par le simple usage et non par vétusté ou force majeure.

Le preneur a droit de sous-louer et de céder son droit au bail sans le consentement du bailleur, à moins que cette faculté ne lui ait été interdite par le contrat de louage.

Le preneur ne peut employer la chose louée à un autre usage que celui auquel elle a été destinée par l'esprit du bail; sinon la résiliation peut être demandée par le bailleur.

Le preneur répond des dégradations et pertes arrivées pendant sa jouissance, à moins qu'il ne prouve qu'elles ont eu lieu non par sa faute.

Il répond des dégradations et pertes arrivées par le fait des personnes de sa maison ou de ses sous-locataires.

Il répond de l'incendie, à moins qu'il ne prouve que l'incendie est arrivé par cas fortuit, force majeure ou vice de construction, ou que le feu a été communiqué par une habitation voisine.

Le sous-locataire n'est tenu envers le propriétaire que jusqu'à concurrence du prix de sa sous-location, dont il peut être débiteur au moment de l'opposition qui est faite entre ses mains, et sans qu'il puisse opposer des paiemens faits au principal locataire par anticipation contraire à l'usage.

§ III.

Des congés et expulsions de lieux.

Le congé est l'acte par lequel le bailleur ou le preneur se donnent l'un à l'autre l'avertissement que le preneur doit quitter les lieux ou biens loués, au terme convenu ou d'usage, pour laisser le bailleur rentrer dans la jouissance de sa propriété.

Le preneur doit quitter les lieux à l'expiration du terme convenu sans qu'il soit besoin au bailleur de lui donner congé, à moins qu'il n'ait été stipulé qu'à défaut de congé à tel terme, le bail serait continué.

Lorsqu'il n'a point été convenu de terme pour l'expiration du bail, le bailleur est obligé de donner congé au preneur pour que ce dernier soit tenu de quitter les lieux dans les délais fixés par l'usage, savoir : un an après le congé pour les maisons ou biens ruraux, trois mois pour les maisons de ville, la moitié de ce temps pour celles dont le loyer est minime, et six mois pour les boutiques ; le tout aux époques déterminées par la coutume et sauf les variations dont ces règles peuvent être susceptibles selon les pays.

Le preneur, dans le même cas, est soumis à la même obligation pour avoir droit de quitter les lieux et de faire cesser le bail.

Le preneur est obligé de procurer, dans les derniers temps de sa jouissance, toutes les facilités nécessaires pour la relocation des lieux qu'il doit quitter, telles que visites des lieux par les étrangers et autres nécessités d'usage.

Si, à l'expiration du terme convenu pour l'expiration du bail, le preneur reste et est laissé en possession, il s'opère un nouveau bail dont l'effet est réglé comme pour les locations dont le terme d'expiration n'a point été convenu.

Il en est de même si le preneur reste et est laissé en possession après le terme où il a dû quitter les lieux, suivant le congé qu'il a donné ou qu'il a reçu, à moins qu'il ne soit prouvé que l'intention du preneur ou du bailleur n'ait point été d'opérer une tacite reconduction.

Le bail opéré par tacite reconduction dans le cas des deux alinéas précédens ne participe point aux cautionnemens, priviléges et obligations accordés spécialement pour le premier bail.

La mort du bailleur ni celle du preneur ne changent rien à l'effet du bail qui doit continuer à l'égard des héritiers comme envers l'auteur lui-même non décédé.

La vente que fait le bailleur du fonds loué ne peut nuire aux droits du preneur.

§ IV.

Des baux à ferme en particulier.

Le bail à ferme peut être fait moyennant un prix fixe annuel en argent ou en denrées. Il peut être fait aussi moyennant un partage des fruits et récoltes, avec une part plus ou moins inégale entre le propriétaire et le fermier qui, dans ce cas, se nomme colon partiaire.

La faculté de sous-louer et de céder son droit au bail sans le consentement du bailleur, est interdite au fermier, à moins de convention contraire.

Le fermier est tenu d'engranger dans les lieux à ce destinés par le bail.

Le fermier sortant doit laisser les pailles et engrais de l'année, ainsi que procurer d'avance au fermier entrant toutes les facilités nécessaires pour les travaux ou récoltes à faire l'année qui doit suivre sa sortie, le tout suivant l'usage des lieux et sauf les conventions particulières.

Si, dans un bail à ferme, le bailleur donne aux fonds affermés une contenance moindre ou plus grande que celle qu'ils ont réellement, il y a lieu à diminution ou augmentation de prix pour le fermier, suivant les règles exprimées au titre de la vente.

Le fermier qui, pendant la durée du bail, perd tout ou partie des frais ou récoltes de l'année, par cas fortuit, tel que feu du ciel, grêle, gelée, coulure, inondation, guerre ou pillage, a droit à une diminution proportionnelle du prix de son bail, à moins qu'il ne soit indemnisé suffisamment par les récoltes précédentes ou même par les récoltes de toute la durée du bail, auquel cas il y a lieu à faire un réglement définitif, à la fin de la jouissance ; le tout sauf les conventions contraires.

§ V.

Du bail à cheptel.

On peut, dans le bail à cheptel, convenir que le preneur profitera de la moitié du croît et supportera la moitié de la perte des animaux que le bailleur lui donne à garder, nourrir et soigner : c'est ce qu'on appelle le *cheptel simple.*

On peut convenir que chacun des contractans fournira la moitié des bestiaux qui demeureront communs pour le profit et pour la perte : c'est ce qu'on appelle le *cheptel à moitié.*

Le propriétaire d'une métairie peut aussi imposer à son fermier ou colon partiaire l'obligation de laisser à l'expiration du bail des bestiaux d'une valeur égale au prix de l'estimation de ceux que le preneur a reçus et trouvés dans la ferme lors de son entrée en jouissance ; soit en convenant que tous les profits appartiendront au fermier pendant la durée de son bail, soit en réglant une part de ces profits à l'avantage du propriétaire.

Le bail à cheptel est susceptible d'une foule de modifications; dans tous les cas, ses effets sont réglés par la convention, l'usage ou l'équité.

§ VI.

Des baux à long terme et emphytéotiques.

Les baux à long terme ne peuvent être faits que par ceux qui peuvent aliéner; ceux qui n'ont que la simple administration d'un bien ne peuvent le louer pour un temps qui excède neuf années.

Les baux à long terme et emphytéotiques sont soumis aux mêmes règles que les baux ordinaires, et à toutes celles que les parties veulent y imposer non contrairement aux lois.

Néanmoins tous les baux dont la durée excède trente ans peuvent être résiliés dans l'intérêt de l'agriculture et du commerce, sur la demande de l'une des parties, par les tribunaux, sous telles conditions qu'il plaît aux juges de soumettre la résiliation.

§ VII.

Du fret ou nolis.

Le prix du loyer d'un navire ou autre bâtiment de mer se nomme *fret* ou *nolis*, et celui qui loue ce navire ou bâtiment pour y charger des marchandises, se nomme *chargeur* ou *affréteur*.

Un navire peut être frété pour tout ou partie du bâtiment, pour un voyage entier, ou pour un temps limité, à la mesure ou à forfait.

L'affréteur doit le fret en proportion des marchandises qu'il a chargées sur le navire, à moins qu'il n'ait affrété à forfait.

L'affréteur qui n'a pas chargé la quantité des marchandises

indiquée par la convention doit néanmoins payer le fret en entier, pour la totalité du chargement auquel il s'est engagé.

Cependant si l'affréteur rompt le voyage, avant le départ du navire, il ne doit qu'une indemnité qui est réglée par l'usage, à moins que le navire, ayant déjà reçu une partie de son chargement, ne soit obligé de partir à non charge, faute du chargement convenu, auquel cas il y a lieu au paiement du fret comme si le chargement avait eu lieu.

Le chargeur qui retire ses marchandises pendant le voyage doit le fret en entier et tous les frais de déplacement, ainsi que l'intérêt du retard.

Il doit le fret du retour, lorsque le navire ayant été frété pour l'aller et le retour, le navire fait son retour sans chargement, ou avec un chargement incomplet, sauf, dans ce dernier cas, à imputer à décharge le fret du chargement partiel qui a pu remplacer le sien par le fait des tiers.

Lorsque l'affréteur ne peut opérer la totalité de son chargement sur le navire, faute d'un port aussi grand que celui qui lui a été déclaré, il a droit à des dommages-intérêts, à moins que l'erreur ne soit très-minime ou excusable.

Si le navire a besoin d'être radoubé pendant le voyage, l'affréteur est tenu d'attendre ou de payer le fret en entier.

Dans le cas où le navire ne pourrait être radoubé, l'affréteur a le droit d'exiger qu'il en soit loué ou fourni un autre pour achever le voyage; dans le cas d'impossibilité à cet égard, le fret n'est dû qu'en proportion de ce que le voyage est avancé.

L'affréteur, dans le cas de l'alinéa précédent, a droit à des dommages-intérêts, tant pour le retard que pour tout autre préjudice, s'il est constaté que le navire était hors d'état de naviguer avant de commencer le voyage.

Si les marchandises sont vendues pendant le voyage pour subvenir aux victuailles, radoub et autres nécessités pressantes du navire, il doit en être tenu compte à l'affréteur qui les a chargées, au prix du lieu de la destination, à la charge par l'affréteur de tenir compte, de son côté, du fret entier.

Si, dans ce cas, le navire se perd, il n'est dû à l'affréteur que le prix de ses marchandises sur le pied qu'elles ont été vendues, à la charge par lui de supporter le fret jusqu'au jour de la vente.

Si le navire est empêché de partir par force majeure, il n'est dû aucuns dommages pour retard de part ni d'autre; mais le chargeur est seul tenu des frais de charge et décharge de ses marchandises.

Si le navire est obligé de revenir avec son chargement par cas fortuit ou force majeure, telle que l'interdiction de commerce avec le pays pour lequel il était destiné, le fret n'est dû que pour l'aller, encore que le navire ait été frété pour l'aller et le retour.

Si le vaisseau est arrêté dans le cours de son voyage par l'ordre d'une puissance, il n'est dû aucun fret pour le temps de sa détention.

Il n'est dû aucun fret pour les marchandises perdues par naufrage ou échouement, pillées par des pirates ou prises par des ennemis; le fret payé d'avance doit être restitué, s'il n'y a convention contraire.

Le fret néanmoins est dû jusqu'au jour de la prise ou du naufrage, si les marchandises sont rachetées ou sauvées, à la charge de la contribution aux avaries par une partie de ce fret, comme il est dit au titre qui les concerne.

Les marchandises ne peuvent être retenues dans le navire faute de paiement du fret; le dépôt peut seulement en être demandé en mains tierces, pour sûreté du paiement.

Le chargeur ne peut se dispenser de payer le fret en abandonnant les marchandises, si ce n'est dans les cas permis par l'usage des lieux.

Toute action en paiement pour fret de navire se prescrit par un an après la fin du voyage.

CHAPITRE II.

DU LOUAGE D'INDUSTRIE.

Il y a trois espèces principales de louage d'industrie, savoir: 1° le louage des gens qui s'engagent au service de quelqu'un;

2° celui des commissionnaires de transport par terre ou par eau; 3° celui des entrepreneurs d'ouvrages à confectionner.

L'engagement des matelots et gens de l'équipage formera un § particulier.

Celui des commissionnaires de transport est confondu avec le mandat salarié; il sera traité au titre du mandat.

§ I.

Des domestiques, serviteurs et ouvriers.

Les engagemens de ceux qui se mettent au service de quelqu'un pour un temps, une saison, ou un genre de services déterminés, sont réglés par la convention ou par l'usage.

En cas d'inexécution des engagemens respectifs du maître ou du serviteur, il y a lieu à des dommages-intérêts envers la partie lésée.

§ II.

Des entrepreneurs d'ouvrages.

L'entrepreneur d'un ouvrage à confectionner peut être chargé de fournir seulement son travail ou son industrie, ou bien de fournir aussi la matière.

On peut être chargé de confectionner un ouvrage, tel qu'un bâtiment, d'après un plan arrêté et moyennant un prix fixé d'avance, sans qu'il puisse y avoir lieu à augmentation ou diminution de prix pour cause d'erreur dans l'estimation des travaux à faire; c'est ce qu'on appelle un *forfait*.

Les règles à suivre dans les difficultés qui peuvent s'élever sur l'exécution des conventions de ce genre sont tracées par la simple équité.

Les entrepreneurs d'ouvrages sont responsables des vices de l'art qu'ils peuvent apporter dans la confection des ouvrages dont ils sont chargés, et l'action en dommages, sous ce rapport, est réglée comme toutes les autres a tions de droit.

§ III.

De l'engagement des matelots et gens de l'équipage.

Les matelots et autres gens de l'équipage d'un navire ou autre bâtiment de commerce peuvent s'engager au voyage, au mois, ou au profit ou fret, c'est-à-dire pour n'être payés de leurs loyers que sur le fret et dans la proportion de ce que reçoit le maître du bâtiment.

Si, après l'engagement, le voyage est rompu par le fait des propriétaires, maîtres, chargeurs ou affréteurs du bâtiment, il y a lieu à indemnité au profit des matelots et gens de l'équipage engagés, à la charge de ceux par le fait de qui le voyage a été rompu : dans ce cas, l'indemnité est réglée suivant l'usage des lieux.

Il n'y a point lieu à indemnité, si la rupture du voyage a eu lieu par force majeure.

Le loyer ne court point pendant le temps de l'arrêt du navire par ordre d'une puissance, dans les engagemens à la journée ou au mois.

Tout matelot ou autre homme de l'équipage, congédié sans cause valable, a droit à une indemnité contre celui qui le congédie.

Dans aucun cas un matelot ou autre homme de l'équipage ne peut être congédié en pays étranger.

Le matelot ou autre homme de l'équipage, blessé ou tombé malade dans son service pour le bâtiment, a droit à être soigné aux dépens du navire. Il reçoit en outre son loyer pendant le temps nécessaire pour sa guérison.

S'il est pris et fait esclave dans son service pour le bâtiment, il a droit pour son rachat à une indemnité qui est fixée par des réglemens particuliers.

En cas de prise, bris ou naufrage, avec perte entière du navire et des marchandises, les matelots et gens de l'équipage n'ont droit à aucun loyer ni aucune indemnité.

Mais leurs loyers et indemnités sont dus, si quelque partie

du navire ou des marchandises est sauvée par leurs soins, jusqu'à concurrence de la valeur des débris qu'ils ont sauvés.

TITRE V.

DES SOCIÉTÉS.

Le contrat de société est celui par lequel deux ou plusieurs personnes mettent quelque chose en commun, pour s'en partager les fruits à venir.

On distingue plusieurs espèces de sociétés, et d'abord les sociétés civiles et les sociétés commerciales; puis, dans les sociétés civiles, les sociétés universelles et les sociétés particulières; et dans les sociétés de commerce, les sociétés en nom collectif, les sociétés en commandite, les sociétés anonymes et les sociétés en participation.

CHAPITRE PREMIER.

DES DIVERSES ESPÈCES DE SOCIÉTÉS.

§ I.

Des sociétés civiles universelles.

La société universelle est ou de tous les biens présens, ou de tous les gains. Elle peut être aussi de tous les biens à venir à recueillir, même par succession, donation et testament.

La société universelle de tous les biens présens est celle où les parties mettent en commun tous leurs biens présens meubles et immeubles, pour en retirer tous les fruits qu'ils pourront procurer. On peut y joindre tous les bénéfices que pourra produire l'industrie de chacun des associés. On peut y joindre aussi toute autre espèce de biens à venir.

La société universelle des gains est celle qui ne comprend que les bénéfices à produire par l'industrie de chacun des associés.

§ II.

Des sociétés civiles particulières.

La société civile particulière est celle où les parties ne s'associent que pour un objet déterminé, comme la propriété, l'usage ou les fruits d'une chose, d'un immeuble ou d'un corps certain quelconque.

Il en est de même du cas où les parties s'associent pour l'exercice ou l'exploitation d'une industrie ou entreprise particulière, d'un métier ou d'une profession désignée.

§ III.

Des sociétés en nom collectif.

La société en nom collectif est celle où plusieurs personnes s'associent pour une entreprise de commerce, et où chacun des associés est solidairement responsable envers les tiers de tous les engagemens de la société.

Cette société est désignée par le nom de tous les associés, ou par le nom de celui ou de ceux d'entre eux dont il leur plaît de convenir, suivi de ces mots : *et compagnie.*

Le nom sous lequel est présentée au public une société commerciale s'appelle *raison sociale.*

§ IV.

Des sociétés en commandite.

La société en commandite est celle où tous les associés ne sont pas responsables des engagemens de la société envers les tiers qui ont contracté avec elle, mais où l'associé ou les associés commanditaires ont seulement engagé une somme déterminée jusqu'à concurrence de laquelle ils sont tenus envers ces tiers pour les engagemens de la société.

L'associé commanditaire qui a versé dans la société la somme pour laquelle il s'était obligé ne peut être recherché ni inquiété par les créanciers de cette société; ils n'ont de recours que contre le membre ou les membres de cette société qui étaient responsables de tous les engagemens de la société.

Le nom de l'associé commanditaire ne peut entrer dans la

raison sociale, parce qu'il tendrait à induire les tiers en erreur en leur faisant croire que cet associé n'est pas un simple commanditaire mais un associé solidairement responsable, en confiance de qui ils pourraient se déterminer à contracter, ce qu'ils n'auraient pas fait si cenom ne leur eût pas été présenté.

C'est le même motif qui empêche que l'associé commanditaire puisse être chargé en rien de gérer, soit comme mandataire, soit autrement, les affaires de la société. Les tiers, sachant qu'il est associé et le voyant agir, pourraient être encore induits en erreur en le voyant ainsi paraître et croire qu'il est associé responsable, ou du moins qu'il l'est devenu depuis quelque temps par de nouveaux arrangemens avec les autres associés.

L'associé commanditaire, qui permet que son nom paraisse dans la raison sociale ou qui se mêle d'administrer les affaires de la société, peut être déclaré responsable de tous les engagemens de la société.

§ V.

Des sociétés anonymes.

La société anonyme est celle où les associés ne sont responsables des engagemens de la société vis-à-vis destiers que jusqu'à concurrence des sommes qu'ils y ont versées, sans qu'aucun d'eux puisse être poursuivi personnellement par les créanciers de cette société.

Le nom d'aucun des associés ne peut faire partie de la raison sociale, qui est alors désignée par le nom de l'entreprise commerciale que la société peut avoir pour objet ou par un nom allégorique.

Les parts que chacun des associés peut avoir dans la société se nomment actions. Elles sont représentées par un titre, soit à ordre, soit au porteur, qui est donné à l'associé en échange de la somme qu'il verse dans la caisse sociale. Les sommes ainsi versées par tous les associés forment la masse active sociale, et c'est elle, seule qui répond de tous les engagemens que peuvent prendre envers les tiers les gérans à qui les associés sont convenus de donner l'administration des biens de la société.

§ VI.

Des sociétés en participation.

Les sociétés en participation sont les sociétés de commerce qui, n'importe sous quelles formes elles ont été faites, lesquelles peuvent varier à l'infini, ne peuvent être rangées régulièrement parmi les sociétés en nom collectif, en commandite ni anonymes; telle est celle où quelqu'un chargerait un autre de le comprendre pour moitié, le tiers ou le quart, dans une spéculation ou dans une entreprise dirigée par ce dernier. Dans ce cas, les associés sont responsables de la manière qu'il a été convenu entre eux, ou dont ils se sont présentés vis-à-vis des tiers.

CHAPITRE II.

DES DROITS ET OBLIGATIONS DES ASSOCIÉS.

§ I.

De l'administration de la société.

Dans les sociétés civiles universelles et particulières et dans les sociétés de commerce en nom collectif ou en participation, chacun des associés a droit de gérer et administrer les affaires de la société, s'il n'a été convenu du contraire.

Dans les sociétés anonymes, tous les associés, qui prennent le nom d'actionnaires, se rassemblent pour nommer l'administrateur ou les administrateurs de la société, à moins qu'il n'ait été convenu du contraire.

La majorité des associés ne fait loi que lorsqu'il en a été ainsi convenu entre tous les associés.

L'étendue des droits des administrateurs est réglée de concert entre tous les associés, sinon l'administrateur ne peut aliéner, hypothéquer ni exercer aucuns droits concernant la nue propriété qu'avec le consentement de tous les associés.

Aucun des associés ne peut rien faire ni entreprendre sur les biens communs, sans le consentement des autres, si ce n'est par autorité de justice.

Dans les sociétés civiles universelles ou particulières, les dettes contractées par chacun des associés sont purement personnelles, à moins que le contraire n'ait été convenu ou que le bénéfice n'en ait tourné au profit de la société.

Dans le cas où, dans les sociétés civiles, les dettes de chacun des associés sont purement personnelles, les créanciers, si les associés sont de mauvaise foi, peuvent faire prononcer en justice la dissolution de la société, pour pouvoir exercer ensuite leurs droits sur la part du bien revenant à leur débiteur.

Hors de ce cas, les créanciers personnels d'un ou de quelques-uns des associés, et non de la société entière, ne peuvent exercer aucun droit sur les biens communs de la société pendant sa durée, au préjudice de celui ou de ceux des associés qui ne sont pas débiteurs personnels de ces créanciers.

Chaque associé peut, sans le consentement de ses coassociés, s'associer une ou plusieurs tierces personnes pour la part à lui revenante dans la société; mais il ne peut, sans ce consentement, associer des tiers à la société, comme, par exemple, en lui donnant droit de délibération, d'inspection ou d'administration.

§ II.

Des partages sociaux.

Les parts dans les bénéfices et dans les pertes de la société sont réglées par la convention entre les associés, sinon en proportion de ce que chaque associé a apporté dans la société et qu'on appelle *mise sociale.*

Chaque associé a une part égale dans les pertes et les bénéfices, sauf les circonstances qui peuvent faire présumer une convention contraire.

Les associés peuvent laisser les parts incertaines, en donnant à un tiers ou même à l'un d'eux le droit de les fixer loyalement.

La société léonine est nulle. C'est celle où l'un des associés a abusé de sa force et des circonstances, pour se faire attribuer dans les bénéfices une part plus forte, ou dans les pertes une part moindre que l'évidente équité ne le permettait.

Toutes réclamations entre associés ou ayans-cause pour raison des parts sociales se prescrivent par quatre ans après la dissolution de la société.

§ III.

De la dissolution de la société.

La société se dissout par l'expiration du temps pour lequel elle a été contractée.

Dans toutes les sociétés autres que les sociétés anonymes, la société se dissout par la mort naturelle ou civile ou l'interdiction de l'un des associés, à moins que le contraire n'ait été stipulé, auquel cas la société continue avec les héritiers de l'associé décédé ou avec l'associé interdit dont les droits sont administrés par son tuteur.

La société se dissout encore dans tous les cas par l'extinction de la chose ou la consommation de l'entreprise pour laquelle elle paraît avoir été contractée.

Si le temps de la durée de la société n'a pas été fixé, chacun des associés peut en faire prononcer la dissolution en justice, quand il la demande de bonne foi et non à contre-temps.

Chaque associé peut même faire prononcer la dissolution de la société dont la durée a été fixée, lorsqu'il en a de justes motifs, comme lorsqu'un des associés est tombé dans une infirmité habituelle, qui l'empêche de remplir le rôle qui lui était attribué dans la société, ou que l'un des associés manque essentiellement à ses engagemens.

TITRE VI.

DU PARTAGE DES BIENS COMMUNS.

Nul ne peut être contraint de rester dans l'indivision, et le partage des biens communs peut toujours être provoqué par l'un des propriétaires indivis, malgré toutes clauses et prohibitions contraires.

Néanmoins on peut convenir que le partage n'aura pas lieu avant un certain temps, qu'il est laissé à l'arbitraire des parties de fixer; mais les juges peuvent toujours, nonobstant cette convention et sur la demande des parties, ordonner le partage dans l'intérêt de l'agriculture, du commerce ou de l'équité. Ils peuvent aussi, dans l'intérêt commun des parties, ordonner qu'il ne sera point procédé au partage ou à la licitation, demandés par l'une d'elles, avant un délai fixé.

Le partage doit être fait en nature, à moins que cela ne soit impossible ou contraire à l'intérêt raisonnable des copropriétaires. En cas de contestation, il y est statué par le juge.

Quand il n'y a pas lieu au partage en nature, il est procédé à la vente des biens communs par licitation.

Lorsque tous les copropriétaires du bien indivis sont majeurs et maîtres de leurs droits, ils peuvent procéder au partage ou à la licitation de la manière qu'ils jugent à propos; dans les cas contraires, les partages ou licitations, pour être définitifs à l'égard des mineurs, interdits ou incapables, doivent être faits par justice.

Toute personne à qui un des copropriétaires des biens communs a cédé son droit peut être écartée du partage, soit par tous les autres copropriétaires, soit par un seul, moyennant le remboursement du prix de la cession, afin qu'un étranger ne puisse pas, par esprit d'avarice ou de chicane, venir s'interposer entre des copropriétaires, cohéritiers ou associés, qui auraient été en paix sans lui.

Après le partage en nature, les titres doivent être remis à ceux qui ont reçu dans leurs lots les biens que ces titres concernent; si ces titres sont relatifs à des biens compris dans des lots différens, ils doivent rester à ceux des copartageans qui ont eu la plus grande part de ces biens, à la charge d'en aider les autres. En cas de difficulté, tout est réglé par le juge.

Les copartageans demeurent respectivement garans les uns

envers les autres des troubles et évictions qui proviennent d'une cause antérieure au partage, et non purement personnelle au copartageant troublé ou évincé.

Si l'un des copartageans garans est insolvable, la part dont il est tenu doit être répartie entre le garanti et tous les autres garans.

Il peut y avoir lieu à rescision du partage, lorsque l'un des copartageans établit qu'il y a eu lésion de plus du quart à son préjudice.

Toute réclamation entre copartageans pour garantie des lots se prescrit par quatre ans, à partir du trouble ou de l'éviction, et pour lésion, par le même espace de temps, à compter du jour du partage. Ce délai court contre toutes personnes, même les incapables; néanmoins le juge peut relever de la rigueur de ce délai.

TITRE VII.

DES CONTRATS ALÉATOIRES.

Les contrats aléatoires sont ceux où le gain et la perte dépendent du hasard au profit ou au préjudice de chacune des deux parties.

On distingue plusieurs espèces de contrats aléatoires, savoir : le jeu et le pari, le contrat de rente viagère, le prêt à la grosse, et le contrat d'assurance.

Il y a aussi une espèce de contrat aléatoire entre les propriétaires et les affréteurs d'un navire pour la contribution au jet et aux avaries en cas d'événement de mer.

CHAPITRE PREMIER.

DU JEU ET DU PARI.

La loi n'accorde aucune action en justice pour dette de jeu ou pour le paiement d'un pari; mais le perdant ne peut répéter ce qu'il a payé volontairement et sans fraude de la part du gagnant.

Les jeux qui tiennent à l'adresse des exercices de la main ou du corps, comme les faits d'armes, les jeux de paume ou de billes, et les courses à pied, à cheval ou en char, sont exceptés de la règle précédente. Cependant les juges peuvent réduire la demande, quand le montant du pari leur paraît excessif.

CHAPITRE II.

DU CONTRAT DE RENTE VIAGÈRE.

§ I.

De la nature et des conditions de validité de la rente viagère.

La rente viagère est celle qu'on est engagé à payer pendant la durée de la vie d'une personne.

Elle peut être constituée à titre onéreux, comme lorsqu'elle est faite moyennant une somme d'argent, un meuble ou un immeuble; elle peut l'être aussi à titre gratuit, et comme lorsqu'elle est le résultat de la pure libéralité d'un donateur ou d'un testateur.

La rente viagère peut être constituée, soit sur la tête de celui qui fournit le prix moyennant lequel elle est constituée, soit sur la tête d'un tiers qui n'a point fourni ce prix ou qui n'a aucun droit de jouir de la rente.

Elle peut être constituée sur une ou plusieurs têtes, et, dans ce dernier cas, la rente doit être payée jusqu'à la mort de la dernière personne survivante de celles sur la tête de qui la rente avait été constituée.

Le contrat de rente viagère doit être annulé lorsque la personne sur la tête de qui la rente a été constituée était morte à l'insu des parties au moment du contrat.

Il peut être annulé lorsqu'il paraît que la personne sur la tête de qui la rente a été constituée était, au moment du contrat, atteinte déjà du principe d'une maladie dont elle est morte peu de temps après le contrat.

§ II.

Des effets du contrat de rente viagère.

Le défaut de paiement des arrérages de la rente viagère ne donne au rentier viager que le droit de faire vendre les biens du débiteur, et ordonner l'emploi d'une somme suffisante à prendre sur le prix de cette vente, pour assurer le service régulier de la rente.

Le débiteur de la rente ne peut en aucun cas se dispenser de la continuation du service des arrérages, soit en offrant le remboursement du capital et en renonçant à la répétition des arrérages précédemment payés, soit en offrant toutes autres conditions refusées par le rentier, quelque onéreux que puisse devenir le service de la rente, par la prolongation de la vie de celui ou de ceux sur la tête de qui elle est constituée.

La rente viagère s'acquiert au profit du rentier dans la proportion du nombre des jours que celui sur la tête de qui la rente a été constituée a vécu.

Si les termes de paiement des arrérages sont payables d'avance, le terme est acquis du jour où le paiement a dû être fait.

La rente viagère s'éteint seulement par la mort naturelle et non par la mort civile de celui sur la tête de qui elle a été constituée.

Le rentier viager est tenu de justifier au débiteur, lorsqu'il demande le paiement des arrérages, de l'existence de la personne sur la tête de qui la rente a été constituée.

CHAPITRE III.

DU PRÊT A LA GROSSE.

On appelle *prêt à la grosse* ou *contrat à la grosse* le contrat par lequel une personne prête à une autre une somme d'argent moyennant un profit convenu entre elles, à la charge par le prêteur de ne pas demander son remboursement et de perdre la somme prêtée, dans le cas où certaines marchandises ou tel navire qu'on désigne viendraient à périr par fortune de mer dans le cours d'un voyage ou autre aventure.

Tout emprunt à la grosse, fait pour une somme excédant la valeur des objets sur lesquels il est affecté, peut être déclaré nul à la demande du prêteur, si l'emprunteur a eu pour but de s'assurer, par fraude, une somme plus forte que la valeur de ces objets en cas de perte.

Si l'emprunteur avait été induit en erreur, sans fraude de sa part, le contrat est seulement réductible à la valeur réelle des objets sur lesquels l'emprunt a été fait, auquel cas le prêteur a droit d'exiger de l'emprunteur le remboursement de la somme formant la différence entre la valeur réelle des objets et la somme prêtée avec les intérêts au cours de la place, sans être tenu de supporter la perte de cette différence en cas de perte des objets.

On ne peut, à peine de nullité du contrat, emprunter à la grosse que sur des objets ou droits existans dans la possession actuelle de l'emprunteur lors du contrat. Ainsi sont nuls les emprunts à la grosse faits sur le fret à faire d'un navire, sur le profit espéré de marchandises non vendues ou le loyer futur et possible des matelots, et non leurs gages résultant d'un engagement actuellement existant. Cette espèce d'emprunt, par lequel les emprunteurs pourraient grever leur avenir à l'infini, est prohibée comme un genre de pari que la loi ne doit pas tolérer.

Le prêteur à la grosse n'a aucun droit au remboursement du capital prêté, mais seulement au profit convenu, si les objets sur lesquels l'emprunt a été fait viennent à périr sans la moindre faute qu'on puisse attribuer à l'emprunteur ou à ceux qu'il emploie.

En cas de faute, même la plus légère, imputable à l'emprunteur ou à ses agens, il en supporte la conséquence, sauf son recours contre ces derniers.

En cas de perte partielle, le paiement des sommes empruntées n'a lieu que jusqu'à concurrence de la valeur des effets sauvés, déduction faite du droit de sauvetage.

Le temps, pendant lequel les objets sur lesquels l'emprunt a été fait sont aux risques du prêteur, est déterminé par la convention, sinon par la nature des choses, comme, lorsqu'il s'agit d'un navire, du jour où ce navire a fait voile jusqu'à celui où il a été ancré ou amarré au lieu de sa destination, et, lorsqu'il s'agit de marchandises, du jour où elles ont été mises dans les gabares pour les porter au navire jusqu'à celui ou elles ont été délivrées à terre.

Les prêts à la grosse peuvent être faits sur la foi de l'emprunteur et sans qu'au préalable le prêteur se soit assuré de la valeur ni même de l'existence des marchandises. C'est toujours à l'emprunteur à prouver, si le prêteur l'exige, l'existence et la valeur réelle des objets sur lesquels il a emprunté, et qu'il prétend avoir été perdus par aventure pour se soustraire au remboursement de la somme prêtée.

S'il y a contrat à la grosse et en même temps assurance sur les mêmes objets, le produit des effets sauvés, en cas de perte partielle, doit être partagé entre le prêteur à la grosse et l'assureur, au marc le franc, savoir : le premier pour son capital seulement, exclusion faite du profit convenu, et le second pour le montant des sommes assurées, le prêteur et l'assureur ayant été tous deux soumis aux mêmes chances.

CHAPITRE IV.

DES ASSURANCES.

Le contrat d'assurance est celui par lequel une partie garantit à l'autre le remboursement du prix de l'objet assuré, dans le cas où il viendrait à périr par un accident, moyennant soit une prime ou somme fixe, soit une assurance mutuelle entre les deux parties pour des biens qui leur appartiennent respectivement.

§ I.

De l'objet du contrat d'assurance.

Tout bien quelconque actuellement existant dans la possession d'une personne peut être l'objet du contrat d'assurance.

Le contrat est nul s'il a pour objet des biens non existans
actuellement dans la possession de celui qui veut les faire assurer, comme le profit espéré de marchandises non vendues, le
loyer futur et possible de biens ou de personnes non encore
loués.

Il en est de même du contrat d'assurance qui aurait pour
objet d'assurer à l'emprunteur à la grosse le montant de la
somme empruntée, dans le cas où les effets affectés à l'emprunt
ne viendraient pas à périr, de manière que l'emprunteur fût
certain de ne rembourser dans aucun cas la somme empruntée,
soit que les effets viennent à périr, soit qu'ils ne périssent
pas. C'est une espèce de jeu de hasard qui est prohibée par
la loi.

On ne peut pas même assurer le profit espéré d'un prêt fait
à la grosse, pour le cas où les effets affectés à l'emprunt viendraient à périr, de manière que le prêteur soit assuré et du
remboursement du capital prêté et de tout ou partie de son
profit. C'est encore une espèce de jeu prohibé.

L'assureur peut faire réassurer par d'autres les effets qu'il a
assurés, moyennant une prime qui peut être plus forte ou
moindre que celle qu'il a exigée de l'assuré.

On ne peut faire assurer deux fois les objets, en vue de se
faire payer deux fois leur valeur en cas de perte; mais on peut
faire assurer le montant de l'assurance pour le cas où le premier assureur ne paierait pas, par suite de faillite, la valeur
des effets assurés, qui viendraient à périr.

L'assureur ne doit, en cas de perte des objets assurés, que la
valeur réelle des objets perdus, indépendamment des estimations au-delà de cette valeur qui auraient été faites lors de l'assurance, et il a toujours droit de demander la vérification et

estimation des objets assurés, pour reconnaître s'ils ont réellement existé et s'ils avaient la valeur déclarée par l'assuré.

Toute assurance faite après la perte ou l'arrivée à bon port
des objets assurés, est nulle, s'il y a présomption que, lors de
l'assurance, l'assuré ou l'assureur avaient connaissance l'un de
la perte ou l'autre de l'arrivée des objets assurés.

§ II.

Des obligations de l'assureur et de l'assuré.

L'assureur est tenu de payer à l'assuré la valeur de toutes
pertes et dommages arrivés aux effets assurés par cas fortuit ou
force majeure, indépendamment de la volonté et sans la
moindre faute, même légère, de l'assuré, tels que feu, grêle,
naufrage et sauvetage, jet pour le salut du navire, prise maritime, pillage, embargo, avaries totales ou partielles provenues
par accident, déchargement et rembarquement des marchandises sur un autre navire, par suite d'innavigabilité du premier, et autres cas de fortune.

La prime est acquise à l'assureur du moment où les effets
ont commencé à courir des risques. Il n'a droit qu'à une indemnité d'usage, si le contrat d'assurance était subordonné
naturellement à une condition qui n'est pas arrivée, comme si
le voyage du navire assuré était rompu avant le départ.

Le temps de la durée des risques est fixé par la convention,
sinon par la nature des choses et l'intention présumée des
parties.

Si l'assurance avait été faite pour un temps désigné, et que
par l'événement le temps eût été diminué de manière que
l'assureur n'eût pas couru tous les risques convenus, comme
lorsque des marchandises chargées sur un navire ont été assurées pour l'aller et le retour, et que ces marchandises ne sont
pas retournées en tout ou partie, la prime convenue est réductible dans les proportions d'usage, à moins de convention
contraire.

L'assuré n'est point responsable des fautes du capitaine ni des gens de l'équipage du navire, dans lesquelles il n'a point trempé.

L'assureur n'est point tenu de la perte des marchandises qui ont été assurées comme devant être chargées sur tel bâtiment, et qui l'ont été sur un autre qui a péri, quand même le bâtiment primitivement désigné dans l'acte d'assurance aurait également péri, si ce n'est absolument dans les mêmes circonstances.

Toute réticence, toute fausse ou incomplète déclaration de la part de l'assuré, qui tendrait à diminuer l'opinion du risque dans l'esprit de l'assureur, comme si, par exemple, on omettait d'énoncer que les marchandises sont susceptibles de casse, de dépérissement ou de coulage, annullent l'assurance au profit de l'assureur, à titre de pénalité contre l'assuré, quand même la réticence, ou fausse ou incomplète délaration n'aurait point influé sur la perte ou le dommage de l'objet assuré.

Si plusieurs assurances ont été faites des mêmes objets par deux personnes différentes, comme le chargeur d'un côté et le destinataire de l'autre, et non pour frustrer le premier assureur, la plus forte prime convenue est partagée, et en cas de perte des objets assurés, leur valeur est répartie entre les deux assureurs, dans la proportion de la somme pour laquelle ils ont respectivement fait l'assurance.

Si l'assurance n'avait été faite près de l'un que pour une partie des objets assurés, et près de l'autre aussi seulement pour une partie, l'assurance a lieu au profit des assurés jusqu'à concurrence de la valeur des assurances réunies, moyennant la prime convenue par chacun.

Les vérifications et estimations demandées par l'assureur ne peuvent retarder le paiement de la somme pour laquelle les objets perdus ont été assurés, à la charge par l'assuré de donner caution. Dans ce cas, la caution est déchargée au bout de quatre années, si, dans ce délai, il n'y a pas eu de poursuites de l'assureur contre l'assuré.

13*

§ III.

Du délaissement.

L'assuré a le droit de délaisser à l'assureur les objets assurés, pour en exiger de lui la totalité de la somme pour laquelle ils ont été assurés, lorsque ces objets, dont la perte totale n'a pas eu lieu ou n'est pas prouvée, sont dans un état tel qu'ils ne peuvent plus, à la fin de l'assurance, être remis dans leur état primitif, sans aucune perte ni dommage pour l'assuré, par des réparations à la charge de l'assureur, sauf les conventions contraires.

Il y a lieu au délaissement, sans qu'il soit besoin de la preuve de la perte, lorsque l'assuré déclare n'avoir point reçu de nouvelles de son bâtiment ou de ses marchandises, pendant un an depuis les dernières nouvelles qu'il en a reçues ou le départ du navire, s'il s'agit d'un voyage de cours ordinaire, et pendant deux ans, s'il s'agit d'un voyage de long ou très-long cours, suivant les définitions d'usage.

Le droit de délaissement se prescrit par le laps de six mois après la réception de la nouvelle du cas qui donne lieu au délaissement, ou l'expiration du temps après lequel on peut le faire, lorsque l'assureur est sur les mêmes lieux que l'assuré. Dans le cas contraire, ce délai est augmenté selon les règles fixées par les lois de la procédure.

Le délaissement doit être fait des objets dans l'état où ils se trouvaient au moment de l'assurance, avec tous les gains produits par ces objets qui ont pu s'ensuivre ; ainsi le délaissement du navire doit comprendre le fret des marchandises chargées sur ce navire pour le voyage assuré, quand même le fret de ces marchandises, qui est dû si elles ont été sauvées, aurait été payé d'avance avant le contrat d'assurance.

En cas de prise, l'assuré peut, dans l'intérêt commun et en l'absence de l'assureur, racheter par composition les effets assurés, et l'assureur a le choix de prendre la composition pour son compte, en se faisant délaisser les objets assurés, ou d'abandonner ces effets à l'assuré, en lui remboursant seulement le montant de la composition, auquel cas il continue de courir les risques des effets assurés, pour la continuation du voyage assuré.

Lorsque le délaissement a été accepté ou jugé valable, les effets assurés appartiennent à l'assureur, à partir de la signification du délaissement, et l'assureur ne peut se refuser au paiement de la somme assurée, quand même les effets assurés et qu'on croyait perdus arriveraient à bon port, après l'acceptation ou le jugement de validité du délaissement.

CHAPITRE V.

DE LA CONTRIBUTION AU JET ET AUX AVARIES.

Toute perte ou dépense extraordinaire faite pour le salut commun du bâtiment et des effets qu'il renferme, doit être répartie par une espèce d'assurance mutuelle entre les propriétaires de ce batiment et de ces effets, dans la proportion de l'intérêt de chacun.

Tels sont les cas où l'on est obligé de jeter à la mer ou d'endommager une partie du chargement du navire pour le sauver, les cas où les câbles, les ancres, les mâts sont coupés, rompus ou perdus dans une fuite ou dans une tempête; les rançons payées pour le rachat en cas de prise par l'ennemi dans un danger commun, le pansement et la nourriture des matelots blessés en défendant le bâtiment, leur loyer et leur nourriture pendant l'arrêt forcé par ordre de puissance ou par nécessité pour cause de salut commun, à moins de convention contraire; tels sont les frais de déchargement pour alléger le navire et entrer dans un hâvre ou une rivière, lorsqu'on y est contraint par une tempête ou par la poursuite de l'ennemi, les frais faits pour remettre à flot le bâtiment échoué dans l'intention d'éviter un plus grand malheur, et autres semblables.

Tous les cas ci-dessus désignés sont appelés grosses avaries ou avaries communes; les avaries appelées simples ou particulières sont toutes celles qui ne peuvent être rangées dans les avaries communes.

Les avaries communes sont seules supportées en commun par le navire et les marchandises sauvées.

Les avaries arrivées par la faute du capitaine ou de l'équipage ne sont point rangées dans les avaries communes; il y a seulement recours de la part du propriétaire des biens avariés contre ceux par la faute de qui l'avarie est arrivée.

Les frais qui, dans l'usage, sont à la charge du navire seul, tels que ceux de lamanage, tonnage et pilotage, pour entrer dans les hâvres ou rivières, ou en sortir, ne sont point des avaries communes.

En cas d'abordage par cas fortuit et sans qu'on puisse l'attribuer à la faute de l'un plutôt que de l'autre, le dommage est supporté en commun par les deux navires et rangé dans la classe des avaries communes.

Les munitions de guerre et de bouche et les hardes des gens de l'équipage ne contribuent point aux avaries; les autres effets contribuent à leur perte, si ces munitions ou hardes sont perdues.

Si le jet ne sauve le navire, les marchandises jetées et ensuite sauvées ne contribuent point à la perte de celles qui ne le sont pas; le hasard est au profit de celui à qui il arrive.

Si le jet sauve le navire, et qu'ensuite il vienne à se perdre, les marchandises sauvées par le premier jet, et sauvées encore après la perte du navire, contribuent à la perte des effets jetés lors du premier jet qui a contribué à sauver alors ces marchandises, déduction faite des frais du dernier sauvetage.

Les marchandises sorties du navire au moment de sa perte, n'importe par quel motif, ou sauvées après cette perte, ne contribuent point à la perte du navire ni des marchandises perdues avec lui.

Le navire ne contribue aux avaries communes avec les effets de son chargement que pour la moitié de sa valeur et de son fret de voyage, à cause de l'énormité de cette valeur qui lui ferait supporter une trop grande proportion de la perte s'il y contribuait pour la totalité.

Les loyers des matelots ne contribuent point aux avaries.

Le prix des marchandises est établi par la valeur au lieu du déchargement.

Si, après la contribution, le propriétaire des effets perdus pour lesquels il a reçu une part dans la répartition, vient à les recouvrer en tout ou partie, il doit le rapport de ces effets à la masse commune.

TITRE VIII.

DU MANDAT.

Le mandat, nommé aussi procuration ou commission, est l'acte par lequel nous chargeons quelqu'un de faire quelque chose pour nous et en notre nom. Celui qui donne le mandat se nomme *mandant* ou *commettant,* et celui qui le reçoit, *mandataire, procureur* ou *commissionnaire.*

Il y a des règles qui sont spécialement applicables aux commissionnaires de transport et aux capitaines de navire considérés comme mandataires; elles feront l'objet de deux chapitres particuliers.

CHAPITRE PREMIER.

DU MANDAT EN GÉNÉRAL.

§ I.

De la nature du mandat.

Le mandat est gratuit, s'il n'y a convention contraire.

Il peut être ou spécial pour une ou plusieurs affaires seulement, ou général pour toutes les affaires du mandant.

Le mandat conçu en termes généraux n'embrasse que les simples actes d'administration ; pour que le mandataire ait droit de faire un acte de propriété, comme vendre, donner, hypothéquer, transiger ou compromettre, le mandat doit le porter en termes exprès.

§ II.

Des obligations du mandataire.

Le mandataire est tenu d'exécuter le mandat qu'il a accepté, et de gérer en bon père de famille la chose confiée à ses soins jusqu'à ce que le mandant ait pu être averti que le mandataire ne veut plus continuer le mandat, à peine de dommages-intérêts envers le mandant.

Le mandataire répond des fautes qu'il commet dans sa gestion au préjudice des intérêts du mandant.

Le mandataire répond de celui qu'il s'est substitué dans sa gestion quand il n'a pas reçu pouvoir de se substituer quelqu'un, ou lorsqu'ayant reçu ce pouvoir sans désignation de personne, celle dont il a fait choix était notoirement incapable ou insolvable.

Dans tous les cas, le mandant peut agir directement contre la personne que le mandataire s'est substituée.

Néanmoins cette responsabilité est moins sévère dans le cas du mandat gratuit que dans celui du mandat salarié.

Le mandataire est tenu de rendre compte de sa gestion quand elle finit.

Il doit rendre au mandant ce qu'il a reçu comme mandataire, quand même ce qu'il a reçu n'aurait point été dû au mandant.

Le mandataire doit l'intérêt des sommes qu'il a employées à son usage, à compter du jour de cet emploi.

Le mandataire qui a donné à la partie avec laquelle il contracte en cette qualité une suffisante connaissance de ses pouvoirs, n'est tenu d'aucune garantie, même pour ce qu'il a fait au-delà, à moins qu'il ne s'y soit personnellement obligé.

§ III.

Des obligations du mandant.

Le mandant est tenu d'exécuter les engagemens qu'il a contractés en son nom par le mandataire dans la limite des pouvoirs qu'il lui a donnés. Il n'est point tenu de ce que le mandataire a fait au-delà, à moins qu'il ne l'ait depuis ratifié

Le mandant doit au mandataire le remboursement de ses frais et avances et le paiement des salaires promis, quand même l'affaire n'aurait pas réussi, sauf les fautes dont le mandataire peut être responsable.

Le mandant doit aussi indemniser le mandataire des pertes qu'il a éprouvées par le fait même de sa gestion.

L'intérêt des avances faites par le mandataire lui est dû à compter du jour des avances constatées.

§ IV.

De l'expiration du mandat.

Le mandat peut être révoqué à volonté par le mandant et abandonné à volonté par le mandataire, sauf les conventions particulières où l'on peut stipuler le contraire.

La constitution d'un nouveau mandataire pour la même affaire emporte la révocation du premier.

Le mandat finit par la mort naturelle ou civile ou par l'interdiction judiciaire, soit du mandant, soit du mandataire.

En cas de mort du mandataire, ses héritiers sont tenus de gérer provisoirement le mandat jusqu'à ce que le mandant ait pu en être averti et le remplacer suffisamment.

En cas d'ignorance de la révocation du mandat par mort du mandant ou autrement, tout ce que fait le mandataire en vertu de sa procuration est valable.

Dans tous les cas, la révocation du mandat ne peut être opposée aux tiers de bonne foi qui ont contracté valablement avec le mandataire au nom des mandans, sur le vu de la procuration dont ils ignoraient la révocation.

CHAPITRE II.

DES COMMISSIONNAIRES DE TRANSPORT.

Le commissionnaire de transport par terre ou par eau est garant de l'arrivée des effets à transporter dans le délai déterminé par la lettre de voiture, hors le cas de force majeure qu'il est à sa charge de prouver.

Il est également responsable des pertes et avaries arrivées aux effets, à moins qu'il n'y ait convention contraire ou force majeure dont il est également tenu de justifier.

Il est garant des faits du commissionnaire ou voiturier intermédiaire auquel il remet les effets.

La réception des objets transportés et le paiement du prix de la voiture sans réclamation, emportent renonciation à toute action contre le commissionnaire ou voiturier.

En cas de refus de recevoir les objets transportés, le commissionnaire ou voiturier peut faire constater leur état par le juge et ordonner le séquestre dans un lieu de dépôt aux risques de qui il appartiendra.

Les objets transportés peuvent être vendus en justice à la requête du commissionnaire ou voiturier pour le paiement du prix du transport.

Toute action en délivrance d'effets transportés par des commissionnaires publics de transport, ou en raison de pertes ou avaries de ces effets, se prescrit par six mois, pour les expéditions faites dans l'intérieur du pays, et par un an pour celles faites à l'étranger, à compter du jour où ces effets ont dû être arrivés au lieu de leur destination, ou de la remise de ces effets, en cas d'avarie, sauf les cas de fraude justifiée.

CHAPITRE III.

DES CAPITAINES DE NAVIRE

§ 1.

Des droits et obligations du capitaine.

Tout capitaine, maître ou patron chargé de la conduite d'un navire ou autre bâtiment qui ne lui appartient pas exclusivement, est responsable de ses fautes, même légères, dans l'exercice de ses fonctions.

Il a le droit de choisir, louer et congédier les matelots et autres gens de l'équipage, en l'absence des propriétaires.

Il est tenu de se trouver en personne dans son bâtiment à tous les instans où il peut y avoir spécialement quelque danger, comme à l'entrée ou à la sortie d'un port, hâvre et rivière, sous peine des événemens dommageables qui peuvent arriver en son absence au bâtiment.

C'est au capitaine, maître ou patron, à prouver la force majeure, suivant les formes d'usage, pour se décharger de la responsabilité des événemens malheureux arrivés au bâtiment ou au chargement.

Le capitaine, maître ou patron, peut faire, en l'absence des propriétaires, tout ce qui est nécessaire dans l'intérêt du bâtiment ou du chargement, comme emprunt à la grosse pour le corps du bâtiment, et même vente d'une partie des marchandises pour radoub, achat de victuailles, de voiles et autre choses indispensables, à la charge de faire constater la nécessité dans les formes voulues par des réglemens particuliers.

<h2 style="text-align:center">§ II.</h2>

Des droits et obligations des propriétaires des navires.

Tout propriétaire de navire ou autre bâtiment est civilement responsable des faits du capitaine, pour ce qui est relatif au navire et à l'expédition; mais cette responsabilité cesse par l'abandon du navire et du fret.

Le propriétaire peut congédier le capitaine sans indemnité, à moins de convention contraire.

<h1 style="text-align:center">TITRE IX.</h1>

<h3 style="text-align:center">DU PRÊT.</h3>

Il y a deux sortes de prêt, celui des choses dont on peut user sans les détruire, et celui des choses qui se consomment par l'usage : la première espèce s'appelle *prêt à usage*, la seconde, *prêt de consommation*.

On distingue aussi le *prêt à intérêt* et la *constitution de rente* qui participent de la nature du prêt de consommation. Ils feront l'objet d'un chapitre particulier.

CHAPITRE PREMIER.

DU PRÊT A USAGE.

Le prêt à usage est un contrat par lequel une personne livre une chose à quelqu'un pour s'en servir pendant quelque temps et la lui rendre ensuite.

Le prêt à usage est essentiellement gratuit; il devient un contrat de louage, quand il est fait moyennant un certain prix.

L'emprunteur est tenu de veiller en bon père de famille à la conservation de la chose prêtée, et de ne pas l'employer à un autre usage que celui auquel elle est destinée suivant l'esprit du prêt, à peine de dommages-intérêts envers le prêteur.

Si la chose périt ou est détériorée par la faute même légère de l'emprunteur, il doit en payer la valeur au prêteur qui refuse de la recevoir dans l'état où elle lui est rendue.

L'emprunteur ne peut retenir la chose prêtée par compensation de ce que lui doit le prêteur.

Si, pendant la durée du prêt, l'emprunteur a été obligé à quelque dépense pour la conservation de la chose, sans faute de sa part, et comme le prêteur y eût été obligé quand même le prêt n'aurait pas eu lieu, le prêteur est tenu de la lui rembourser.

Le prêteur est tenu d'avertir l'emprunteur des défauts cachés de la chose qu'il connaît, sous peine des dommages-intérêts qui peuvent en résulter pour ce dernier.

CHAPITRE II.

DU PRÊT DE CONSOMMATION.

Le prêt de consommation est un contrat par lequel une personne remet à une autre des denrées ou espèces de monnaies qui se consomment par l'usage pour s'en servir à ses besoins et lui en rendre un jour autant de la même quantité et valeur.

L'effet de ce prêt est de rendre l'emprunteur propriétaire de la chose prêtée, et c'est pour lui qu'elle périt, de quelque manière que la perte arrive.

L'équité règle en tout les difficultés auxquelles peut donner lieu cette nature de contrat qui est purement de bienfaisance.

CHAPITRE III.

DU PRÊT A INTÉRÊT ET DE LA CONSTITUTION DE RENTE.

§ I.

Du prêt à intérêt.

Le prêt à consommation fait moyennant un certain prix est ce qu'on appelle *prêt à intérêt*.

L'intérêt stipulé est légal ou conventionnel.

L'intérêt légal est fixé par des lois particulières qui varient selon les temps, les lieux et les circonstances.

L'intérêt conventionnel est celui que la loi permet de fixer en-deçà du taux au-delà duquel elle défend de l'élever sous peine d'usure.

§ II.

De la constitution de rente.

On appelle *constitution de rente* une espèce de prêt à consommation par lequel le constituant donne à l'autre partie un bien quelconque, meuble ou immeuble, dont cette dernière devient propriétaire à la charge de payer au constituant, à perpétuité, une somme annuelle nommée *rente*.

La rente constituée à perpétuité est essentiellement rachetable, et le créancier peut être forcé de recevoir le capital moyennant lequel la rente a été constituée.

Néanmoins les parties ou les tribunaux peuvent fixer un terme avant lequel la rente ne pourra être rachetée; le terme fixé par les parties ne peut excéder dix ans, et celui qui a été fixé par les tribunaux peut toujours être réduit ou prolongé par un nouveau jugement.

TITRE X.

DU CONTRAT DE CHANGE, DU BILLET OU TOUT AUTRE ACTE A ORDRE, ET DU TITRE AU PORTEUR.

CHAPITRE PREMIER.

DU CONTRAT DE CHANGE.

On appelle *contrat de change* celui par lequel une personne donne à une autre le droit de se faire remettre par un tiers une somme d'argent que ce tiers doit à la première, moyennant la valeur que celui qui reçoit ce droit a remise à celui qui le donne.

On appelle *lettre de change* l'écrit par lequel on donne à quelqu'un le droit de toucher une somme d'une tierce personne, moyennant la valeur qu'on a reçue de lui.

§ I.

De la lettre de change en général.

La lettre de change est conçue dans la forme suivante:

Paris, ce 22 avril 1833. A Monsieur tel, telle profession, telle demeure.

Monsieur, il vous plaira payer à Monsieur tel, ou à son ordre, au vingt-deux juillet prochain, la somme de.... valeur reçue comptant, ou en marchandises, ou en compte.

Signé tel.

Celui qui signe la lettre de change s'appelle le *tireur;* celui qui la possède, le *porteur*, et celui à qui elle est adressée pour être payée par lui, le *tiré*.

Celui au profit de qui la lettre de change est tirée a le droit d'en passer la propriété à un tiers. Il lui suffit pour cela d'écrire de sa main au dos ou sur le corps même de la lettre de change: *Payez à l'ordre de Monsieur tel*, en datant et signant cette écriture, comme: *Paris, ce 23 avril 1833, signé tel*. Cette manière de passer la propriété d'une lettre de change à un tiers s'appelle *endossement*. On appelle *endosseur* le porteur d'une lettre de change qui l'a endossée à l'ordre d'un autre; ce dernier peut en transmettre également la propriété à toute personne, et les lettres de change peuvent être ainsi passées de main en main, par une suite infinie d'endossemens.

Celui sur lequel la lettre de change est tirée, et qui consent à en payer le montant à son échéance, met sur le corps de la lettre ce mot: *accepté*, puis, *signé tel*. Il prend alors le nom d'*accepteur*.

Le tiré peut vouloir n'accepter la charge du paiement que pour une somme moindre que celle qui est tirée, et il met alors: *accepté pour la somme de.... signé tel*.

La lettre de change peut être tirée sur un tel, et payable au domicile d'un autre.

La lettre de change peut être tirée à un jour fixe d'échéance, comme dans la forme ci-dessus donnée, ou comme on pourrait dire, à tant de mois, tant de jours de date; elle peut être tirée à une échéance incertaine ou à vue, à la commodité du porteur, comme lorsqu'il est dit: *Il vous plaira payer à vue, à l'ordre de Monsieur tel*.

Dans le cas du paiement stipulé à vue, la lettre de change est payable le jour même de le présentation par le porteur au tiré.

Le porteur d'une lettre de change peut la présenter au tiré avant l'échéance, pour que ce dernier ait à l'accepter ou à se refuser à l'acceptation.

Faute par le tiré d'accepter la lettre de change, le porteur doit faire constater son refus par un acte de protêt dressé par l'officier compétent.

Il en est de même du refus de paiement par l'accepteur, qui doit être également constaté par un protêt à la diligence du porteur.

Le protêt faute de paiement doit être dressé le lendemain du jour de l'échéance.

Faute de protêt le lendemain du jour de l'échéance, le porteur perd tous ses droits en remboursement du montant de la lettre de change, contre les endosseurs qui lui en ont transmis la propriété. Il n'a plus de droits que contre l'accepteur, si le tiré a accepté, et contre le tireur.

En cas de protêt, si le porteur veut conserver son recours contre son endosseur immédiat, il doit former contre lui sa demande en justice, dans le délai de quinze jours, à partir du jour du protêt.

Si cet endosseur veut conserver son recours contre son endosseur immédiat, il doit former sa demande en justice contre lui, dans les quinze jours à partir de la demande qui a été formée contre lui.

Il en est ainsi de chaque endosseur contre son endosseur immédiat, et tout porteur ou endosseur qui veut conserver son recours contre l'endosseur ou les endosseurs non immédiats, doit former sa demande contre eux dans les mêmes délais qu'aurait chaque endosseur, comme il vient d'être dit, pour permettre à chacun de remonter à son endosseur immédiat.

Ces délais sont augmentés en raison de la distance du domicile de chacun d'eux, conformément aux usages et aux règles de la procédure, afin de concilier autant que possible la longueur des délais indispensables pour avoir le temps d'agir et la célérité avec laquelle les porteurs ou endosseurs attaqués doivent faire cesser l'incertitude des endosseurs qui ont passé la propriété de la lettre de change, en croyant qu'elle serait acquittée par le tiré ou accepteur à son échéance, et qui, au bout d'un certain temps, doivent être mis à l'abri de toute inquiétude à cet égard par ce genre de prescription.

Lorsqu'une lettre de change est tirée à vue, elle doit être présentée à l'acceptation et au paiement, dans les six mois de sa date, sous peine contre le porteur de perdre son recours contre les endosseurs.

Dans le cas de l'alinéa précédent, le porteur perd même ses droits contre le tireur, si celui-ci justifie qu'il y avait, pendant le temps qu'il a dû agir, provision entre les mains du tiré, c'est-à-dire que ce dernier était nanti de sommes appartenant au tireur, suffisantes pour acquitter tout ou partie de la lettre de change, l'impossibilité de se faire payer après ce délai passé sans poursuites de la part du porteur étant mise à sa charge, comme punition de sa négligence.

Le tireur est aussi à l'abri de tout recours de la part du porteur, à défaut de protêt à l'échéance de la lettre de change, lorsque le tireur prouve également qu'il y avait provision à l'époque de cette échéance.

§ II.

Des lettres de change par première, seconde, etc.

Pour remédier au cas où le porteur viendrait à perdre la lettre de change, le tireur peut la tirer par première, seconde, troisième, etc.

La lettre de change, tirée par première, seconde, troisième, etc., peut être acceptée sur la première, seconde ou troisième qui est présentée au tiré; dans ce cas, les autres seconde, troisième ou autres sont annulées.

L'accepteur d'une lettre de change tirée par première, seconde, troisième, etc., ne peut exiger du porteur, pour le paiement, que la représentation de celle sur laquelle il a mis son acceptation.

Le porteur qui déclare avoir perdu une lettre de change, sur laquelle était l'acceptation, peut en exiger le paiement en fournissant caution.

§ III.

De l'intervention des tiers pour garantie.

Toute personne peut garantir le paiement de la lettre de change, soit de la part du tireur, soit de la part de l'acceptéur, soit de la part de l'endosseur, en écrivant simplement ces mots, suivis de la signature : *Bon pour garantie de telle ou telle signature.*

Toute personne peut intervenir au protêt pour refus d'acceptation ou de paiement, pour faire honneur à la signature du tireur ou de l'accepteur, en acceptant à la place du tiré, ou en payant à la place de l'accepteur.

§ IV.

De la prescription.

Toute action en paiement d'une lettre de change se prescrit par quatre ans, à la charge par le débiteur de prêter serment qu'il en a payé le montant, ou par ses héritiers, s'il est décédé, qu'ils ne savent point que le montant en soit encore dû.

L'engagement de la caution, dans le cas du paiement après la perte de la lettre de change, se prescrit également par quatre ans après la date de l'échéance de la lettre de change.

CHAPITRE II.

DU BILLET OU TOUT AUTRE ACTE A ORDRE.

On appelle *billet à ordre* le billet conçu dans la forme suivante :

Je paierai le vingt-deux juillet prochain, à Monsieur tel ou à son ordre, la somme de...., valeur reçue comptant, ou en marchandises, ou en compte.

Paris, ce vingt-deux avril mil huit cent trente-trois.

Signé tel.

Tout autre titre de créance qu'un simple billet peut être comme lui souscrit à ordre par le débiteur.

La propriété du billet ou de tout autre acte à ordre se transmet par la voie d'endossement, comme la lettre de change.

Tout ce qui a été dit au chapitre Ier pour le protêt, faute de paiement à son échéance, afin que le porteur conserve ses droits contre les endosseurs, et chacun de ceux-ci contre les endosseurs précédens, pour le paiement en cas de perte en fournissant caution, pour le bon de garantie et le paiement par intervention des tiers, et la prescription, est applicable au billet ou tout autre acte à ordre comme à la lettre de change.

CHAPITRE III.

DU TITRE AU PORTEUR.

On appelle *titre au porteur* tout titre, billet ou reconnaissance, dont le porteur peut se faire remettre le montant ou les avantages y attachés, en le représentant au débiteur qui l'a souscrit.

Les lettres de change peuvent être souscrites au porteur, comme toute autre espèce de billet; dans ce cas, le nom de la personne à qui la lettre de change ou le billet doivent être payés n'est point exprimé; il y est dit seulement, par exemple : *Il vous plaira payer au porteur*; ou bien : *Je paierai au porteur*, etc.

La propriété du titre au porteur est constatée par la simple possession de ce titre entre les mains de celui qui le représente, sauf la preuve contraire et les cas de fraude.

TITRE XI.

DU DÉPÔT ET DU SÉQUESTRE.

§ I.

De la nature du dépôt et du séquestre.

Le dépôt est ou volontaire, ou nécessaire, ou judiciaire.

Le dépôt judiciaire prend plus spécialement le nom de séquestre.

Il y a dépôt volontaire lorsqu'une personne remet à une autre qui y consent une chose pour la garder un certain temps, à la charge de la lui rendre quand elle le lui demandera.

Il y a dépôt nécessaire toutes les fois que le dépôt a été

forcé par quelque accident, tel qu'un incendie, une ruine, un pillage, un naufrage, ou tout autre événement imprévu.

Le dépôt des effets des voyageurs dans l'hôtellerie où ils sont reçus est un dépôt nécessaire.

Le séquestre judiciaire peut avoir pour objet la garde de biens meubles ou immeubles. Il a lieu lorsqu'un tribunal ordonne le dépôt de biens quelconques entre les mains de tiers qu'il désigne.

Le dépôt et le séquestre peuvent être gratuits ou salariés.

§ II.

Des droits et obligations du dépositaire et du déposant.

Le dépositaire doit apporter, dans la garde de la chose déposée, le même soin qu'il apporterait dans la garde des choses qui lui appartiennent, sous peine des dommages-intérêts envers le propriétaire.

Néanmoins cette disposition doit être appliquée avec moins de rigueur contre le dépositaire gratuit que contre le dépositaire salarié.

Le dépositaire n'est point tenu des accidens arrivés à la chose déposée, par cas fortuit ou force majeure.

Il doit rendre la chose seulement en l'état où elle se trouve sans sa faute, ou la valeur qu'il en a pu recueillir.

Il ne peut se servir, à aucun titre, de la chose déposée.

Il doit rendre identiquement les mêmes pièces de monnaie qu'il a reçues en dépôt, sans pouvoir les remplacer par d'autres, si ce n'est du consentement exprès du déposant, auquel cas il n'y a pas dépôt, mais prêt de consommation.

Le déposant doit rembourser au dépositaire toutes les dépenses nécessaires qu'il a faites pour la conservation de la chose déposée, et l'indemniser de toutes les pertes que le dépôt lui a occasionées.

Le dépositaire peut retenir le dépôt jusqu'à l'entier paiement de ce qui lui est dû à raison du dépôt.

TITRE XII.

DU CAUTIONNEMENT.

§ I.

De la nature du cautionnement.

Le cautionnement est un contrat par lequel on promet de payer une dette à défaut de paiement par le véritable débiteur, sauf son recours en remboursement contre ce dernier.

On peut cautionner une dette qui peut être annulée par une exception personnelle à l'obligé, comme dans le cas où un majeur cautionne une dette contractée par un mineur.

On peut ne cautionner qu'une partie de la dette, ou la cautionner sous des conditions moins onéreuses que celles imposées au débiteur principal.

On peut se rendre caution sans ordre de celui qu'on cautionne et même à son insu.

On peut cautionner non-seulement le débiteur principal, mais encore celui qui l'a cautionné.

Le cautionnement donné sans restriction s'étend à toute la dette, principal, intérêts et accessoires.

Lorsqu'un débiteur s'est obligé par convention ou est condamné par jugement à fournir caution, sans désignation de personne, il doit présenter, pour cette caution, une personne honnête et solvable, qui ait des biens suffisans pour répondre de la dette, et dont la poursuite ne soit pas trop difficile par l'éloignement de sa demeure ou de ses propriétés.

En cas de difficulté à cet égard, la solvabilité de la caution présentée est jugée par les tribunaux.

Si, dans le même cas, la caution admise volontairement ou en justice devient ensuite insolvable, le créancier a droit d'en exiger une autre.

Celui qui ne peut trouver une personne solvable pour lui servir de caution, peut donner à sa place un gage ou nantissement suffisant à déposer, soit entre les mains du créancier, soit en celles d'un tiers, soit dans un lieu de dépôt public.

§ II.

De l'effet du cautionnement entre le créancier et la caution.

La caution n'est obligée de payer qu'à défaut de paiement par le débiteur, contre lequel le créancier est tenu d'abord d'épuiser toutes les poursuites de droit, à moins que la caution n'ait renoncé à cet avantage appelé *bénéfice de discussion.*

La caution poursuivie qui requiert le bénéfice de discussion doit indiquer au créancier des biens appartenant au débiteur et avancer les deniers suffisans pour subvenir aux frais de la discussion.

L'indication des biens, dans le cas de l'alinéa précédent, ne suspend les poursuites contre la caution que lorsqu'ils ne sont pas trop difficiles à discuter par leur nature ou leur éloignement, et seulement jusqu'à concurrence de leur valeur présumée, si elle ne paraît pas suffisante pour le paiement intégral de la dette.

La caution peut opposer au créancier toutes les exceptions inhérentes à la dette; mais elle ne peut opposer celles qui sont purement personnelles au débiteur.

La caution est déchargée, lorsque la subrogation aux droits, priviléges et hypothèques du créancier, ne peut plus, par le fait de ce créancier, s'opérer en faveur de la caution.

La simple prorogation du terme, accordée par le créancier, ne décharge point la caution.

Lorsque plusieurs personnes ont cautionné la même dette, elles sont obligées chacune à toute la dette.

Néanmoins chacune d'elles peut exiger que le créancier dirige son action contre les autres cautions, chacune pour une part égale, sauf à exiger ensuite toute la dette d'une seule, à défaut de paiement par les autres de leur part contributive, à moins que les cautions n'aient renoncé à cet avantage, qu'on appelle *bénéfice de division.*

La caution qui, dans le cas de l'alinéa précédent, a acquitté la dette, a recours contre les autres cautions, chacune pour sa part de portion.

§ III.

De l'effet du cautionnement entre le débiteur et les cautions.

La caution qui a payé la dette est subrogée à tous les droits, priviléges et hypothèques du créancier, contre le débiteur ou les codébiteurs solidaires.

Lorsque la caution a payé sans être poursuivie, et que le débiteur avait précédemment payé de son côté, ou avait des moyens capables de faire déclarer la dette éteinte, elle n'a point de recours contre lui, mais seulement une action en répétition contre le créancier.

La caution peut poursuivre directement le débiteur en paiement de la dette, ou en dépôt d'une somme suffisante, dans les cas suivans :

1°. Si la caution est elle-même poursuivie en paiement ;

2°. Si le débiteur est en état de faillite ;

3°. Si le temps après lequel le débiteur s'est engagé à rapporter sa décharge à la caution est écoulé ;

4°. Si la dette principale est devenue exigible ou que l'échéance du terme soit arrivée, quand même le créancier aurait accordé une prorogation de ce terme ;

5°. Enfin au bout de dix ans, si l'obligation principale n'a point de terme fixe d'échéance, à moins que cette obligation, comme une tutelle, ne soit pas de nature à pouvoir être éteinte avant un plus long temps.

TITRE XIII.

DU GAGE ET DU NANTISSEMENT.

On appelle *gage* une chose mobilière que le débiteur donne à son créancier pour sûreté du paiement de sa créance, par préférence à tous autres créanciers sur le prix du gage; on appelle *nantissement* le contrat par lequel ce gage est donné au créancier.

Le contrat de nantissement par lequel un immeuble est donné en gage au créancier pour se payer sur les fruits de cet immeuble par préférence à tous autres créanciers, et en jouir jusqu'au parfait paiement de sa créance, se nomme *antichrèse*.

§ I.

Du gage et du nantissement en général.

Le privilége assuré au créancier pour être payé de sa créance par préférence à tout autre sur le prix du gage, n'a lieu qu'autant que ce gage est dans la possession du créancier ou d'un tiers convenu par les parties.

Le gage peut être donné par un tiers pour le débiteur.

La chose donnée en gage reste la propriété de celui qui l'a donnée ; le créancier n'a que le droit de la faire vendre en justice, à défaut de paiement de la dette à son échéance.

Le créancier est tenu envers la chose donnée en gage à toutes les obligations du dépositaire, et il a tous les droits de ce dernier comme à l'égard d'une chose déposée.

Le gage n'est acquis au créancier que pour la créance en vue de laquelle il a été donné, et non pour d'autres survenues antérieurement ou postérieurement.

§ II.

De l'antichrèse.

Le créancier n'acquiert par le contrat d'antichrèse aucun privilége sur le prix de l'immeuble à lui donné à ce titre, en cas de vente, mais seulement le droit d'en percevoir les fruits pendant le temps convenu pour se payer de sa créance jusqu'à due concurrence.

Les fruits s'imputent d'abord sur les intérêts, s'il en est dû, et ensuite sur le capital de la créance.

Le créancier est tenu, à moins de convention contraire, de payer les contributions et les charges annuelles de l'immeuble qu'il tient en antichrèse, ainsi que de pourvoir à son entretien et aux réparations nécessaires.

Le créancier qui veut se décharger de ces obligations peut toujours, à moins qu'il n'ait renoncé à ce droit, forcer le débiteur à reprendre la jouissance de son immeuble.

TITRE XIV.

DES DROITS D'USUFRUIT, D'USAGE ET D'HABITATION.

CHAPITRE PREMIER.

DE L'USUFRUIT.

Le droit d'usufruit consiste dans le droit de jouir d'un bien dont un autre a la propriété.

§ I.

Des droits et obligations de l'usufruitier.

L'usufruitier a le droit de jouir, du jour où commence son usufruit, de tous les fruits naturels ou civils du bien soumis à son droit d'usufruit.

Il prend les choses dans l'état où elles sont, et il est tenu de les rendre, à la fin de sa jouissance, dans l'état où elles se trouvaient lorsqu'elle a commencé.

L'usufruitier est censé avoir pris les choses en bon état.

A défaut des conditions de jouissance, réglées par la loi ou par le titre constitutif de l'usufruit, le juge peut ordonner toutes les mesures les plus propres à assurer la conservation des droits du nu propriétaire et de ceux de l'usufruitier.

L'usufruitier exerce, pendant sa jouissance, tous les droits du propriétaire sur le bien dont il a l'usufruit, et de la même manière que le ferait le propriétaire lui-même, en se conformant aux règles tracées par l'usage et la jurisprudence pour distinguer les droits qui appartiennent à la jouissance et ceux qui n'appartiennent qu'à la propriété.

L'usufruitier est tenu de toutes les réparations d'entretien, des contributions, et de toutes les charges imposées sur la jouissance.

Le nu propriétaire est tenu des grosses réparations indispensables pour mettre l'usufruitier en état d'user de son droit d'usufruit, et de toutes les charges imposées par les lois ou l'usage sur la nue propriété.

L'usufruitier doit au nu propriétaire l'intérêt des capitaux que ce dernier est obligé d'employer à l'acquittement des charges imposées à la nue propriété.

L'usufruitier est tenu d'apporter, dans le cours de sa jouissance, pour la conservation des droits du nu propriétaire, tous les soins d'un bon père de famille.

Il n'est point responsable des événemens de force majeure ou arrivés par vétusté ou cas fortuit.

L'usufruitier peut vendre, louer, céder et aliéner à titre onéreux ou gratuit, en tout ou en partie, son droit d'usufruit.

§ II.

Comment l'usufruit prend fin.

L'usufruit s'éteint : 1° par l'expiration du temps pour lequel il a été accordé;

2°. Par la mort naturelle ou civile de l'usufruitier, si le titre constitutif de l'usufruit n'a pas fixé le temps pour lequel l'usufruit était accordé.

3°. Par la perte de la chose sujette à l'usufruit;

4°. Par la prescription.

L'usufruitier qui abuse de son droit, en portant un préjudice notable aux droits du nu propriétaire, peut être condamné par le juge à perdre tout ou partie de son droit d'usufruit, suivant et de la manière qu'il est réglé par les tribunaux.

Si l'objet soumis à l'usufruit périt seulement en partie, l'usufruitier conserve son droit sur ce qui en reste.

CHAPITRE II.

DES DROITS D'USAGE ET D'HABITATION.

Le droit d'usage consiste dans le droit de jouir personnellement, et concurremment avec d'autres ayans-droit, d'un bien meuble ou immeuble, sans pouvoir le céder, louer, ni transporter en tout ou en partie à un autre.

Le droit d'habitation consiste dans le droit personnel d'habiter, soi et sa famille, concurremment avec d'autres ayans-droit, dans une maison, sans pouvoir la céder, louer, ni transporter en tout ou en partie à un autre.

L'étendue des droits résultant des droits d'usage ou d'habitation est réglée par le titre constitutif de ces droits, ou par le juge, suivant les intentions de celui par qui ils ont été accordés.

TITRE XV.

DU DROIT DE MITOYENNETÉ, ET DES SERVITUDES OU SERVICES FONCIERS.

CHAPITRE PREMIER.

DU DROIT DE MITOYENNETÉ.

§ I.

Du mur, du fossé et de la haie mitoyenne.

Tout mur de séparation entre deux héritages qui se touchent est présumé mitoyen, s'il n'y a titre ou marque du contraire.

Les marques de non mitoyenneté sont définies par l'usage.

La réparation et la reconstruction, en cas de besoin, du mur mitoyen, sont à la charge de ceux qui y ont droit, et dans la proportion du droit de chacun.

Néanmoins le copropriétaire d'un mur mitoyen peut se dispenser des réparations et reconstructions auxquelles il est obligé, en abandonnant son droit de mitoyenneté.

Le copropriétaire d'un mur mitoyen peut y adosser ou appuyer tous les ouvrages qu'il juge convenables, sans nuire au droit égal du copropriétaire voisin.

Il peut faire exhausser le mur mitoyen en payant seul la dépense de l'exhaussement et les frais de surcharge.

Il peut le faire reconstruire en entier à ses frais et en prenant, s'il y a lieu, l'excédant d'épaisseur sur son terrain.

Le copropriétaire d'un mur mitoyen ne peut, par ses travaux ou ses ouvrages sur le mur mitoyen, entraîner le copropriétaire voisin dans aucuns frais ni dépenses, dont ce dernier n'a pas besoin pour la conservation du mur, ou auxquels il ne veut pas se prêter.

Réciproquement le copropriétaire voisin ne peut profiter d'aucuns frais ou dépenses faits par l'autre copropriétaire pour l'amélioration du mur mitoyen, sans être obligé de lui en rembourser la partie qui doit lui profiter.

Tout propriétaire d'un héritage joignant un mur non mitoyen peut en acquérir la mitoyenneté, en payant au propriétaire de ce mur la moitié de sa valeur.

Tout fossé pratiqué entre deux héritages est présumé mitoyen, s'il n'y a titre ou marque du contraire.

Le fossé mitoyen doit être entretenu à frais communs.

Toute haie séparative entre deux héritages contigus est présumée mitoyenne, s'il n'y a titre ou marque du contraire.

§ II.

Du droit de clôture, et de la distance des plantations ou constructions voisines.

Le droit que chaque propriétaire voisin a de clore son héritage et de faire contribuer le propriétaire voisin à la clôture commune est réglé par des usages locaux ou des lois particulières.

La distance à laquelle doivent être plantés des arbres dans une propriété, pour ne pas nuire à la propriété voisine, est aussi réglée par des lois particulières ou des usages locaux.

Il en est de même de tous ouvrages qui peuvent nuire à une propriété voisine ; ils doivent être construits à la distance et avec les précautions voulues par des lois particulières ou les usages locaux.

§ III.

Des vues sur l'héritage voisin.

Aucuns jour, fenêtre ni ouverture ne peuvent être pratiqués dans le mur mitoyen par l'un des copropriétaires, sans le consentement de l'autre.

Le propriétaire d'un mur non mitoyen joignant immédiatement un héritage voisin, peut pratiquer dans ce mur des jours, fenêtres ou ouvertures, en se conformant, pour les treillages ou barreaux de fer qui doivent les fermer, ou autres, aux lois particulières et aux usages locaux.

Il en est de même de la hauteur, au-dessus du sol, à laquelle ces jours, fenêtres, ou ouvertures doivent être établis, pour que ces vues incommodent le moins possible le propriétaire de l'héritage voisin sur lequel elles s'ouvrent immédiatement.

Il en est encore de même des vues droites ou obliques, non garnies de treillages de fer qui peuvent être établies dans un mur placé à quelque distance d'un héritage voisin sur lequel donnent ces vues ; la distance à laquelle doit se trouver le mur où elles sont ouvertes, de l'héritage sur lequel elles donnent, est réglée par des lois particulières et des usages locaux.

Tout propriétaire d'un héritage joignant un mur non mitoyen où sont ouverts des jours, de quelque nature qu'ils soient, peut faire supprimer ces jours, fenêtres, ouvertures ou vues, en acquérant la mitoyenneté de ce mur, et en payant au propriétaire qui a droit à ces vues tous les dommages qui peuvent en résulter pour ce dernier.

Tout propriétaire voisin qui a acquis, par titre ou prescription, droit de vue de quelque nature qu'elle soit dans le mur mitoyen sur le propriétaire voisin, peut être contraint par ce dernier de supprimer les jours, fenêtres, ouvertures ou vues qui existent, sauf à payer tous les dommages qui peuvent en résulter pour celui qui a droit à ces vues.

CHAPITRE II.

DES SERVITUDES OU SERVICES FONCIERS.

Les servitudes sont légales ou conventionnelles.

§ I.

De l'écoulement des eaux.

Les fonds inférieurs sont assujettis, par droit de servitude légale, à recevoir les eaux qui découlent des fonds supérieurs naturellement et sans que la main de l'homme y ait contribué.

Le propriétaire d'un fonds contigu à un fonds voisin ne peut être tenu de recevoir les eaux pluviales tombant du toit d'un bâtiment voisin; chaque propriétaire doit établir ses toits de manière que les eaux pluviales s'écoulent sur son propre terrain ou sur la voie publique.

Celui dont la propriété borde ou renferme une source ou eau courante peut s'en servir pour son utilité propre, mais sans pouvoir nuire aux besoins des fonds inférieurs dans l'intérêt général et celui de l'agriculture.

Des usages locaux ou des lois particulières et l'équité règlent, à défaut de titre, ce qui concerne cet objet.

§ II.

De l'enclave.

Le propriétaire d'un fond enclavé dans d'autres fonds, et auquel on ne peut arriver sans prendre une issue à travers les fonds d'autrui, a droit d'exiger, par droit de servitude légale, un passage à travers ces fonds pour arriver à son fonds enclavé, à la charge d'une juste indemnité qui est réglée par le juge, et en prenant le chemin qui doit être le plus propre à concilier tous les intérêts.

§ III.

Des servitudes conventionnelles.

Les servitudes conventionnelles sont celles qui résultent purement des conventions de l'homme.

On appelle servitudes *urbaines* celles qui ont pour objet des bâtimens, comme un droit de vue dans un mur mitoyen ou non mitoyen sur la propriété voisine.

On appelle servitudes *rurales* celles qui ont pour objet des champs ou fonds de terre, comme le droit de passage dans un champ en faveur du propriétaire d'un champ voisin, et la servitude légale qui oblige un fonds inférieur à recevoir les eaux qui découlent naturellement d'un fonds supérieur.

Les servitudes sont aussi appelées *continues* ou *discontinues.*

Les servitudes continues sont celles dont l'usage est ou peut être continuel par la nature des choses, comme un droit d'égout sur un fonds qui n'y est pas assujetti naturellement, ou un droit de vue sur un fonds voisin.

Les servitudes discontinues sont celles qui sont de nature à n'être exercées que momentanément et à cetains intervalles, comme le droit de passage, de puisage, de pacage, ou autres semblables.

Les servitudes sont encore *apparentes* ou *non apparentes.*

Les servitudes apparentes sont celles qui se manifestent par des ouvrages extérieurs, comme une porte propre à exercer le droit de passage, une fenêtre propre à exercer le droit de vue, un aqueduc servant à exercer le droit continu d'écoulement des eaux sur un fonds étranger.

Les servitudes non apparentes sont celles qui ne se manifestent point par des ouvrages extérieurs et propres à en indiquer l'existence : telle est, par exemple, la prohibition de bâtir sur un fonds, ou de ne bâtir qu'à une certaine hauteur.

Les servitudes conventionnelles peuvent s'acquérir et se perdre par titre ou par prescription.

La destination du père de famille vaut titre pour l'établissement des servitudes apparentes.

La destination du père de famille est la disposition faite, par le propriétaire de deux fonds précédemment réunis dans la même main, qui a établi une servitude en faveur d'un fonds sur l'autre, depuis divisés et appartenant ensuite à deux propriétaires différens.

Le propriétaire en faveur de qui existe la servitude ne peut rien faire qui tende à aggraver la position du fonds servant, ni le propriétaire du fonds servant rien qui puisse diminuer ou entraver l'exercice du droit du propriétaire du fonds dominant.

TITRE XVI.

DES PRIVILÉGES ET HYPOTHÈQUES.

Tous les biens d'un débiteur sont le gage commun de ses créanciers qui ont le droit de se faire payer sur les deniers qui en proviennent, au marc le franc, dans la proportion de ce qui est dû à chacun d'eux.

Néanmoins les créanciers peuvent avoir des causes légitimes de préférence pour être payés les uns avant les autres sur tout ou partie des biens de leur débiteur.

Ces causes légitimes de préférence se nomment *priviléges* ou *hypothèques*.

CHAPITRE PREMIER.

DES PRIVILÉGES.

Le privilége est toute cause légitime de préférence qui ne reçoit pas le nom d'hypothèque, d'après la définition qui en est faite aux chapitres qui les concernent.

SECTION I.

DES PRIVILÉGES GÉNÉRAUX.

Les frais de scellés et d'inventaire de la succession doivent

-être payés avant toutes autres créances sur les biens inventoriés de la succession.

Les frais funéraires du débiteur défunt doivent venir immédiatement après les frais de justice, sur les deniers de la succession et le prix de la vente de ses biens faite après son décès.

Après les frais funéraires, doivent venir, sur les deniers provenant de la succession ou de la vente des biens du débiteur, les salaires des gens de service pour l'année échue et ce qui est dû pour l'année courante.

Après les salaires des domestiques doivent venir, sur les mêmes deniers, les frais quelconques de dernière maladie, et les fournitures habituelles de subsistances faites dans l'année au débiteur, ou à sa famille, telles que pain, viande, épiceries, vin, etc., au marc le franc entre les créanciers ayant le même privilége.

SECTION II.

DES PRIVILÉGES SPÉCIAUX.

Les priviléges spéciaux sont ceux qui ne s'attachent qu'à certains biens déterminés, et non à une généralité de biens, comme les précédens.

Ces priviléges existent sur des meubles ou sur des immeubles.

Première Division.

Des priviléges sur certains meubles.

§ I.

Des priviléges de droit commun.

Les frais faits pour la conservation de la chose passent avant tous autres.

Ceux qui ont prêté les sommes avec lesquelles ces frais ont été payés, exercent ce privilége pour le remboursement de ces sommes lorsqu'il est prouvé qu'elles ont été réellement employées à cet objet.

Les frais de justice faits pour parvenir à la vente des biens du débiteur et à la distribution de leur prix, sont prélevés avant ceux faits antérieurement à la vente pour la conservation de la chose.

Le créancier saisi d'un gage est privilégié sur prix provenant de la vente de ce gage.

Les effets déposés par les voyageurs dans une hôtellerie sont le gage des aubergistes pour leurs fournitures.

Il en est de même du voiturier sur les choses voiturées, pour ses frais de voiture et accessoires, et de l'ouvrier sur le prix de la chose travaillée qui est encore en sa possession, pour le salaire de son travail et les avances par lui faites à cette occasion.

Le commissionnaire qui a fait des avances sur des marchandises à lui confiées pour être vendues au compte du propriétaire, a un privilége de même espèce sur la valeur de cès marchandises pour le remboursement de ces avances, intérêts et frais, tant qu'elles sont en sa possession, ou si elles sont en route pour lui être expédiées.

Si les marchandises ont été vendues et livrées par le commissionnaire, il a privilége sur le prix de la vente par préférence à tous autres créanciers du commettant.

Les loyers et fermages des immeubles sont payés par privilége sur les fruits et récoltes des immeubles loués ou affermés, et sur tous les meubles garnissant ou destinés à exploiter ces immeubles, quand même ils n'appartiendraient pas au débiteur, à moins que le propriétaire n'en ait été préalablement et suffisamment averti.

Le privilége du propriétaire suit les meubles qui garnissaient sa maison ou sa ferme, lorsqu'ils ont été enlevés furtivement ou pour le frustrer de ses droits, en quelque lieu qu'ils soient transportés.

Le vendeur d'effets mobiliers, qui n'a pas été payé de leur valeur, a sur le prix de ces effets restés en la possession du débiteur, un privilége qui ne vient toutefois qu'après celui des loyers et fermages.

§ II.

Des priviléges spéciaux relatifs aux navires.

Le navire, les agrès et apparaux, le fret et les marchandises sont respectivement affectés par privilége à l'exécution des conventions des parties.

Les priviléges particuliers auxquels les navires sont sujets, sont, savoir :

1º. Les frais de justice et autres faits pour parvenir à la vente et à la distribution du prix du bâtiment ;

2º. Les droits de pilotage, tonnage, cale, amarrage et bassin ou avant bassin ;

3º. Les frais de garde du bâtiment depuis son entrée dans le port jusqu'à la vente ;

4º. Le loyer des magasins où se trouvent déposés les agrès et apparaux ;

5º. Les frais d'entretien du bâtiment et accessoires depuis son entrée dans le port ;

6º. Les gages et loyers de l'équipage pendant le dernier voyage ;

7º. Les sommes prêtées au capitaine pour les besoins du bâtiment pendant le voyage, et le remboursement des marchandises par lui vendues pour le même objet ;

8º. Les sommes dues aux vendeurs, fournisseurs et ouvriers employés à la construction, si le navire n'a point encore fait de voyage, et les sommes dues pour fournitures, travaux et main d'œuvre pour radoub, victuailles, armement et équipement, avant le départ du navire, s'il a déjà navigué ;

9º. Les sommes prêtées à la grosse sur le corps, quille, agrès, apparaux, pour radoub, victuailles, armement et équipement, avant le départ du navire ;

10º. Le montant des primes d'assurances faites sur le corps, quille, agrès, apparaux, et sur armement et équipement du navire, dues pour le dernier voyage ;

15*

11°. Les dommages et intérêts dus aux affréteurs, pour le défaut de délivrance des marchandises qu'ils ont chargées ou pour le remboursement des avaries souffertes par ces marchandises par la faute du capitaine ou de l'équipage.

Les dettes énoncées aux onze numéros qui précèdent sont payées par privilége les unes aux autres dans l'ordre ci-dessus exposé.

Les créanciers pour vente de navire ou pour fournitures d'armement, équipement et victuailles du bâtiment, ne peuvent exercer leur privilége qu'autant qu'ils ont fait, dans les dix jours au plus tard après le départ du navire, la déclaration du montant approximatif de leurs créances au greffe du tribunal du lieu du départ.

Les créanciers pour prêts à la grosse ne peuvent exercer leur privilége qu'autant qu'ils ont déposé au greffe du même tribunal, une expédition ou double de leurs contrats à la grosse, dans les dix jours de leur date.

Les priviléges énoncés au présent § s'éteignent dans les deux cas suivans :

1°. Lorsque le bâtiment ayant été vendu par justice, les créanciers n'ont pas formé, avant l'adjudication, au greffe du tribunal où la vente a été faite, opposition à la délivrance des sommes à provenir de son prix;

2°. Lorsqu'après une vente volontaire, le navire a fait un voyage sous le nom et aux risques du nouvel acquéreur, sans réclamation faite par les créanciers du vendeur au greffe du tribunal du lieu du départ.

Le navire n'est censé avoir fait un voyage que deux mois après son premier départ du port.

Le fret du navire est privilégié sur les marchandises de son chargement, pendant quinze jours encore après leur délivrance ou leur déchargement, à moins qu'elles n'aient passé en mains tierces.

Lorsque des marchandises sont jetées à la mer pour sauver le bâtiment, il y a lieu à contribution au profit des propriétaires des marchandises jetées, par privilége sur les marchandises et le navire sauvés par le jet, conformément aux règles particulières et sous les exceptions établies pour cet objet.

Deuxième Division.

Des priviléges sur certains immeubles.

Le vendeur a un privilége pour le paiement de son prix, sur l'immeuble par lui vendu; s'il y a eu plusieurs ventes successives, le premier vendeur est préféré au second, le second au troisième, et ainsi de suite.

Les cohéritiers ont sur les immeubles de la succession un privilége pour la garantie de leurs lots, soultes et retours.

Les architectes, entrepreneurs, maçons et autres employés à la construction ou réparation de bâtimens ou ouvrages quelconques, ont un privilége sur le prix de ces bâtimens et ouvrages, pour le montant de leurs travaux et fournitures qui ont servi à la construction ou réparation, à la charge par eux de faire, au greffe du tribunal du lieu de la situation des immeubles, la déclaration du montant approximatif de leurs créances, dans le mois au plus tard de la fin de leurs travaux.

Ceux qui ont fourni les deniers avec lesquels les fournitures ou matériaux employés ont été achetés, ou qui ont servi à payer les architectes, entrepreneurs, maçons et autres agens de la construction, ont droit au privilége mentionné en l'alinéa précédent, lorsqu'il est prouvé que les deniers par eux prêtés ou avancés ont été employés à cet objet.

CHAPITRE II.

DES HYPOTHÈQUES.

L'hypothèque est le droit qu'un créancier a sur l'immeuble de son débiteur pour se faire payer par préférence à tous autres sur le prix de cet immeuble.

SECTION I.

DES DIVERSES ESPÈCES D'HYPOTHÈQUES ET DE LEUR EFFET.

L'hypothèque est ou légale, ou judiciaire, ou conventionnelle.

§ I.

De l'hypothèque légale.

L'hypothèque légale est celle qui résulte de la seule déclaration de la loi au profit des mineurs et interdits sur les biens de leur tuteur, des femmes mariées sur ceux de leur mari, et de l'État sur ceux des receveurs ou administrateurs de deniers publics.

Les mineurs et interdits ont droit, par hypothèque légale, de se faire payer par préférence à tous autres, sur le prix des immeubles appartenantà leur tuteur, de toutes leurs créances contre lui pour fait de la tutelle.

Cette hypothèque légale prend date du jour où commence la tutelle, pour toutes les créances auxquelles la tutelle peut donner lieu pendant sa durée, et prime toutes autres hypothèques acquises postérieurement sur les biens du tuteur.

La femme mariée a un même droit d'hypothèque légale sur les immeubles de son mari, à compter du jour du mariage, pour tous les droits et reprises matrimoniales qu'elle peut avoir à exercer après la dissolution de la communauté ou du mariage.

Il en est de même des administrateurs ou receveurs des deniers de l'État pour le versement de ces deniers, à compter du jour de leur entrée en fonctions.

Des lois particulières règlent ce qui concerne spécialement ce dernier genre d'hypothèque légale.

L'hypothèque légale frappe les biens des tuteurs et maris indépendamment de toute formalité à remplir par les mineurs, interdits ou femmes mariées.

§ II.

De l'hypothèque judiciaire.

L'hypothèque judiciaire est celle qui résulte d'un jugement au profit du créancier sur les immeubles de son débiteur.

Tout créancier porteur d'un jugement qui condamne son débiteur à lui payer une somme ou livrer une chose devenue exigible, peut, en vertu de ce jugement, prendre hypothèque sur les immeubles de son débiteur.

La prise d'hypothèque résulte de la simple déclaration qu'en fait le créancier, dans la forme d'usage, au greffe du tribunal de la situation des immeubles qu'il veut hypothéquer à sa créance.

L'hypothèque donne au créancier qui l'a prise droit de se faire payer sur le prix des immeubles hypothéqués, par préférence à tous autres créanciers qui n'auraient pris hypothèque que par une déclaration postérieure à la sienne, soit qu'il s'agisse d'une hypothèque judiciaire, soit qu'il s'agisse d'une hypothèque conventionnelle.

§ III.

De l'hypothèque conventionnelle.

L'hypothèque conventionnelle est celle qui résulte de la convention par laquelle le débiteur donne à son créancier hypothèque sur tel ou tels immeubles qu'il désigne pour une créance exigible ou non encore exigible.

Dans ce cas, l'hypothèque accordée par le débiteur n'est valable à l'égard des tiers qu'autant que le créancier a fait au greffe du tribunal de la situation des immeubles hypothéqués, la déclaration, dans la forme d'usage, de l'existence de la convention, ainsi que des immeubles soumis à l'hypothèque accordée, et seulement à compter de la date de cette déclaration.

Le créancier hypothécaire dont la déclaration est postérieure à la déclaration d'hypothèque faite sur les mêmes immeubles par un autre créancier, ne peut être payé de sa créance sur le prix de ces immeubles qu'après l'entier paiement du premier créancier dans l'ordre des déclarations.

§ IV.

De l'effet des hypothèques contre les tiers acquéreurs.

Tout créancier hypothécaire d'un immeuble non affranchi de son hypothèque, qui n'est pas intégralement payé, a le droit d'évincer l'acquéreur de cet immeuble et de l'en rendre lui-même propriétaire en remboursant à l'acquéreur le prix de son acquisition et accessoires.

Entre deux ou plusieurs créanciers hypothécaires non payés qui demandent l'éviction de l'acquéreur, celui-là est préféré qui surenchérit sur l'autre en offrant un prix plus élevé de l'immeuble.

SECTION II.

DE L'EXTINCTION DES HYPOTHÈQUES.

§ I.

De l'extinction et de la purge des hypothèques légales.

L'hypothèque légale des mineurs et interdits est éteinte dix ans après l'expiration de la tutelle, et celle des femmes mariées, dix ans après la dissolution de la communauté ou du mariage.

L'acquéreur d'un immeuble, qui veut le purger de toute hypothèque légale, doit faire la déclaration de son acquisition, tant au greffe du tribunal de la situation de cet immeuble, qu'au greffe du tribunal du domicile du vendeur.

Dans la quinzaine du jour de cette déclaration, il peut être fait déclaration d'existence d'hypothèque légale par toute personne au profit de qui il appartient, soit mineurs, femmes mariées ou autres, soit par le ministère public.

A défaut de déclaration d'existence d'hypothèque légale dans ce délai de quinzaine, l'acquéreur devient propriétaire de l'immeuble, libre et quitte de toute hypothèque légale du fait du vendeur.

Dans le cas où, par suite de l'affranchissement d'un immeuble de toute hypothèque légale, dans la forme qui vient d'être dite en l'alinéa précédent, les droits des mineurs, interdits ou femmes mariées seraient compromis et perdus, le vendeur est passible d'emprisonnement et d'amende.

Lorsqu'il a été fait dans le délai de quinzaine dont il est parlé ci-dessus, ou auparavant, déclaration de l'existence d'hypothèques légales, l'extinction et la purge des hypothèques déclarées ne peuvent avoir lieu que de la manière et dans la forme qu'il est dit au § suivant.

Les tuteurs ou maris peuvent faire restreindre, par justice, l'hypothèque légale qui frappe la généralité de leurs immeubles, à une certaine quantité d'immeubles suffisans pour la garantie des mineurs, interdits ou femmes mariées.

§ II.

De l'extinction des hypothèques judiciaires et conventionnelles.

L'hypothèque judiciaire ou conventionnelle s'éteint par le laps de dix ans après la déclaration de prise d'hypothèque, si elle n'est renouvelée.

Elle s'éteint également par la main levée qu'en donne le créancier.

L'acquéreur d'un immeuble grevé d'hypothèques judiciaires ou conventionnelles, qui veut s'affranchir de l'effet de ces hypothèques, doit le faire ordonner par justice, contradictoirement avec les créanciers hypothécaires.

TITRE XVII.

DE LA CONTRAINTE PAR CORPS, ET DE LA CESSION DE BIENS.

Toute personne qui doit quelque chose à quelqu'un est obligée, par corps, au paiement de sa dette, sauf les exceptions établies par la loi.

Les mineurs non émancipés, les interdits non simplement

pourvus de conseils, et les femmes mariées non séparées de biens de leur mari, ne sont point contraignables par corps.

Le temps pendant lequel un créancier peut retenir son débiteur en prison est proportionné au montant de la dette.

Si la dette n'excède pas cent francs, la détention est de quinze jours.

Si la dette n'excède pas cinq cents francs, la détention dure un mois.

Si la dette n'excède pas quinze cents francs, la détention dure deux mois.

Si la dette n'excède pas trois mille francs, la détention dure quatre mois.

Si la dette n'excède pas six mille francs, la détention dure huit mois.

Si la dette n'excède pas dix mille francs, la détention dure un an.

Au-delà de dix mille francs jusqu'à vingt mille, la détention dure deux ans.

Au-delà de vingt mille francs jusqu'à cinquante mille, la détention dure trois ans.

Au-delà de cinquante mille, la détention dure quatre ans, mais jamais plus.

Le débiteur est pleinement libéré de sa dette, du jour où il a été écroué à la réquête du créancier pour le temps de détention que comporte le montant de cette dette.

Le créancier n'est tenu de fournir à son débiteur aucuns alimens pendant le temps de sa détention : l'Etat seul en demeure chargé.

Le créancier est toujours libre de faire cesser la détention de son débiteur.

Néanmoins les tribunaux peuvent, sur la demande du débiteur, prendre en considération sa bonne foi, ses malheurs, ou les circonstances, pour abréger la durée de la détention ou même l'en affranchir entièrement, à la charge par lui, de faire l'abandon de tous ses biens à son créancier jusqu'à due concurrence.

En cas d'affranchissement de la contrainte par corps par cession de biens, le débiteur n'est libéré envers son créancier que jusqu'à concurrence des sommes que ce dernier recueille par suite de cette cession; les biens que le débiteur peut acquérir à l'avenir restent soumis aux droits du créancier.

TITRE XVIII.

DES COMMERÇANS EN GÉNÉRAL.

Les commerçans sont ceux qui se livrent habituellement aux actes de commerce.

On appelle actes de commerce tout achat de denrées, en nature pour les revendre ou même simplement les louer au public, soit après les avoir soumises à une industrie particulière pour leur donner une forme ou une valeur nouvelle, soit dans l'état même où on les a achetées, ainsi que la revente ou location au public de ces denrées, objets ou marchandises.

Tel est tout établissement de magasins de marchandises destinées à être vendues au public, toute entreprise de manufacture, de commission, ou de transport par terre ou par eau; toute entreprise de spectacles publics; toute opération de banque publique ou de courtage; toute entreprise d'agence ou de bureaux d'affaires.

En général, on répute actes de commerce toutes les obligations contractées par les commerçans, négocians, marchands ou banquiers, sauf la preuve que ces obligations ne sont pas relatives à leur commerce.

Un acte peut être commercial à l'égard de l'un des obligés, et non commercial à l'égard de l'autre. Par exemple, lorsqu'un individu non commerçant achète, pour son usage personnel, des marchandises à un commerçant, ce dernier fait, en les vendant, un acte de commerce, et celui qui achète n'en fait pas un.

Tout commerçant doit spécialement s'appliquer à ne pas faire de dettes au-delà de son actif, en abusant de la facilité que la bonne foi commerciale procure aux commerçans pour se faire livrer des marchandises et en dissiper le prix.

Ceux qui manquent dans leur commerce aux principes d'économie et de bonne administration qui leur conviennent, et font perdre par là une partie de leurs droits à leurs créanciers, sont passibles des peines plus ou moins graves portées par les lois pénales.

Des peines sévères sont principalement portées contre ceux qui détournent des marchandises ou des biens quelconques au préjudice de leurs créanciers, ou qui s'entendent avec des tiers pour supposer des créances qui n'existent pas.

Tout commerçant doit tenir l'état de son commerce avec l'ordre convenable, de manière à pouvoir toujours se rendre compte facilement, et justifier au besoin à ses créanciers de la valeur de son actif et du montant de son passif, tant au moyen d'inventaires dressés annuellement, que par des livres qui présentent journellement ses achats, ventes et dépenses articles par articles, et tous ses actes de commerce en général; ainsi qu'en conservant les lettres missives qu'il reçoit, factures ou autres titres relatifs à ses opérations commerciales, et en gardant copie des lettres qu'il envoie.

Le désordre et le défaut de livres régulièrement tenus, sous ce rapport, peut être puni des peines portées à ce sujet par les lois pénales, lorsque le commerçant se trouve hors d'état de payer ses créanciers.

TITRE XIX.

DES FAILLITES.

Toute personne qui ne paie pas ce qu'elle doit est en état de faillite.

Tout créancier d'une personne en état de faillite peut se présenter au tribunal compétent pour requérir l'apposition des scellés sur les meubles et effets de son débiteur.

Si le tribunal ordonne cette apposition, il nomme un ou

plusieurs officiers publics pour administrer les biens du failli, et procéder à leur vente dans l'intérêt des créanciers.

Les créanciers sont appelés, dans les formes de la plus grande publicité possible, à venir au partage des biens du failli, selon les droits de chacun.

Le débiteur, sur les biens duquel le tribunal a ordonné l'apposition des scellés, est déchu du bénéfice des termes que ses créanciers lui ont précédemment accordés.

Les créanciers peuvent rétablir le débiteur dans l'administration de ses biens, soit en recevant le paiement intégral de ce qui est dû à chacun d'eux, soit en lui faisant remise de telle partie de leur créance qu'il leur convient, soit à telles autres conditions qu'il leur plaît d'accorder ou d'imposer.

Le refus d'un seul créancier non désintéressé empêche le débiteur d'être rétabli dans l'administration de ses biens. Néanmoins, les tribunaux peuvent ordonner qu'il sera passé outre à ce refus.

Le débiteur qui, après la vente de ses biens ou un concordat passé entre lui et ses créanciers, paie intégralement le montant primitif de sa dette, doit être réhabilité.

Les formes de cette réhabilitation sont réglées par une loi particulière.

TITRE XX.

DE L'EXPROPRIATION FORCÉE.

§ I.

Des biens saisissables et insaisissables.

Les créanciers ont le droit de faire vendre en justice les biens de leur débiteur, pour se faire payer de ce qui leur est dû sur le prix qui en provient.

Néanmoins les biens insaisissables du débiteur ne peuvent être saisis ni vendus par ses créanciers.

Les biens sont insaisissables ou par la déclaration de la loi, ou par suite du titre d'où ils viennent.

Les biens déclarés insaisissables par la loi, sont les pensions alimentaires obtenues en justice, et tous autres biens déclarés tels par des lois particulières.

Les pensions ou provisions alimentaires ne peuvent être saisies que pour des créances qui ont elles-mêmes pour objet des alimens fournis à ceux à qui elles sont dues et depuis qu'elles sont dues.

Les biens peuvent être déclarés insaisissables par le titre d'où ils viennent, lorsqu'ils sont donnés à quelqu'un par donation entre vifs ou à cause de morte, ou par testament ; dans ce cas, la déclaration d'insaisissabilité faite par le donateur ou testateur doit être exécutée.

§ II.

Des règles de l'expropriation forcée.

La part indivise d'un débiteur dans des biens communs avec d'autres copropriétaires, ne peut être mise en vente à la requête du créancier, qui a seulement le droit de provoquer le partage ou la licitation.

Les immeubles d'un débiteur ne peuvent être vendus à la requête de ses créanciers, qu'à défaut de possibilité de paiement intégral sur le prix de son mobilier.

Les immeubles du débiteur doivent être vendus seulement jusqu'à concurrence de ce qui est dû aux créanciers, et successivement par corps d'immeubles ou d'exploitation, jusqu'à une valeur suffisante pour le paiement intégral.

Les formes de l'expropriation forcée sont réglées par les lois sur la procédure.

L'expropriation forcée pour cause d'utilité publique a lieu conformément aux règles tracées par des lois particulières.

TITRE XXI ET DERNIER.

DE LA PRESCRIPTION.

Pour mettre un terme aux réclamations des citoyens les uns contre les autres et couvrir du manteau de la paix et de l'oubli toutes les injustices trop anciennes, les lois ont établi la prescription.

La prescription est le moyen d'acquérir la propriété par la possession des choses, ou de se libérer des obligations par le défaut de poursuite, pendant un certain temps.

CHAPITRE PREMIER.

DISPOSITIONS GÉNÉRALES.

§ I.

Règles générales.

On ne peut d'avance renoncer à la prescription, mais on peut renoncer à la presciption acquise.

La renonciation peut être expresse ou tacite.

Celui qui ne peut aliéner ne peut renoncer à la prescription.

Les juges ne peuvent appliquer d'office la prescription; il faut que ce moyen soit invoqué par les parties.

La prescription peut être invoquée comme moyen supplétoire, et n'être proposée qu'après tous les autres moyens, ou même seulement avant le jugement qui doit statuer en dernier ressort.

§ II.

De la possession requise pour prescrire.

Pour prescrire, il faut une possession continue, paisible, publique, et à titre de propriétaire.

Quand on justifie avoir possédé à telle époque, on est présumé avoir possédé depuis ce temps au même titre, sauf la preuve contraire.

On est toujours présumé avoir possédé pour soi, à moins que le contraire ne soit prouvé.

Les actes de simple tolérance de la part du propriétaire ne peuvent fonder la prescription en faveur de ceux qui les invoquent pour établir la possession.

La possession de l'auteur compte à l'héritier ou successeur à titre gratuit ou onéreux.

La possession utile peut commencer quand la violence ou la clandestinité ont cessé.

§ III.

De l'interruption de la prescription.

La prescription peut être interrompue naturellement ou civilement.

Il y a interruption naturelle, lorsque le possesseur est privé pendant un certain temps, soit par le propriétaire, soit même par un tiers, de la possession de la chose.

Il y a interruption civile, lorsque celui contre qui l'on prescrit forme une demande en justice contre celui qui prescrit.

La demande en justice, même nulle pour défaut de forme, interrompt la prescription.

La demande en justice formée contre un débiteur solidaire, interrompt la prescription à l'égard de tous les autres. Celle formée contre un des cohéritiers du débiteur, même solidaire, pour une obligation qui n'est pas indivisible, n'interrompt la prescription qu'à l'égard et pour la part de ce cohéritier; dans ce cas, la prescription n'est interrompue contre les débiteurs solidaires que jusqu'à concurrence de la part de ce cohéritier.

La demande en justice formée contre le débiteur principal interrompt la prescription contre la caution.

La reconnaissance de la dette par le débiteur a le même effet que la demande en justice.

Le temps écoulé avant l'interruption ne peut plus compter pour la prescription.

§ IV.

De la suspension de la prescription.

La prescription ne court point contre ceux qui ne peuvent agir, comme les mineurs, les interdits, les femmes mariées et les absens, sauf les cas exceptés par la loi.

L'Etat, les établissemens publics et les communes sont soumis à la prescription par des lois particulières.

CHAPITRE II.

DU TEMPS REQUIS POUR PRESCRIRE.

§ I.

Règles générales.

La prescription se compte par année, par mois ou par jour, et non par heure.

Le jour à partir duquel la prescription doit courir ne compte point dans le délai de la prescription.

Les actes nécessaires pour interrompre la prescription doivent être faits avant l'expiration du dernier jour compris dans le délai de la prescription.

§ II.

De la prescription de trente ans.

Tout droit et toute action se prescrivent par trente ans, sans qu'on puisse opposer la mauvaise foi à celui qui invoque cette prescription.

§ III.

De la prescription par dix et vingt ans.

Celui qui a acquis de bonne foi et par un titre qui n'est pas nul dans la forme, une propriété à titre gratuit ou onéreux, prescrit cette propriété par une possession de dix ans seulement.

Néanmoins la prescription, dans ce cas, n'a lieu qu'au bout de vingt ans, si le véritable propriétaire n'habite pas dans l'étendue du ressort de la Cour souveraine où est situé l'immeuble qu'il s'agit de prescrire.

Il suffit que la bonne foi ait existé au moment de l'acquisition.

§ IV.

De la prescription de quatre ans.

Tout ce qui est payable périodiquement par année ou à des termes plus courts, comme des intérêts, des arrérages de rente, des loyers ou fermages, se prescrit par quatre ans.

La prescription dont il s'agit dans l'alinéa précédent court contre toutes personnes, même les incapables et les absens.

§ V.

De quelques prescriptions particulières.

L'action des ouvriers, serviteurs, instituteurs, employés, commis et gens travaillant au jour, au mois ou à l'année, pour leurs gages, traitemens, pensions ou salaires, se prescrit par un an, du jour où la dette est devenue exigible.

L'action des fournisseurs pour fournitures de détail destinées au service ou à la consommation de la maison ou de la famille, celle des médecins, chirurgiens et pharmaciens, pour leurs visites, opérations et médicamens, se prescrit également par un an, du jour de la fourniture, visite ou opération.

Se prescrit également par un an l'action 1° pour nour-

riture fournie aux matelots par l'ordre du capitaine, à comp
ter de la livraison; 2° pour fourniture de bois et autres choses
nécessaires aux constructions, équipement et avitaillement
d'un navire ou autre bâtiment de commerce, à compter de ces
fournitures.

Les autres prescriptions particulières plus ou moins longues
sont réglées sur chaque objet par les titres ou lois qui les
concernent.

FIN DU DROIT CIVIL.

TABLE

DES

TITRES ET CHAPITRES.

FIN DE LA TABLE.